Karol Kretschmar

Papierbasteln
Hüte und Masken

Schritt-für-Schritt
mit Schnittvorlagen

Ab 5 Jahre

AUGUSTUS

Die Deutsche Bibliothek – CIP-Einheitsaufnahme

Kretschmar, Karol:
Papierbasteln Hüte und Masken : Schritt-für-Schritt-Anleitungen mit Schnittvorlagen / Karol Kretschmar. [Übers. aus dem Slowak. von Silke Klein]. – München : Augustus-Verl., 2000
ISBN 3-8043-0768-X

Danke
Für die deutsche Ausgabe dieses Buches wurde ein Teil der Fotos neu erstellt. Verlag und Fotograf bedanken sich beim Ev. Hort St. Markus in Augsburg-Lechhausen für die Überlassung der Räumlichkeiten für die Fotoaufnahmen. Der besondere Dank gilt der Leiterin, Frau Schmidmeir und den Kindern Anna, Corinna, Denis, Florian, Gustav, Julia, Katarina, Sandra und Yonca, die mit viel Spaß und Ausdauer Modell standen.

Der slowakische Designer Karol Kretschmar hat durch den Entwurf von Holzspielzeug internationales Ansehen erlangt und viele Auszeichnungen erhalten. Das Holzspielzeug wird über die Unicef verkauft. Sein Beitrag für die Rechte der Kinder auf dieser Welt. Er lebt mit seiner Frau und seinen zwei Kindern in Bratislava/Slowakische Republik.
Der richtige Name von Karol Kretschmar lautet Karol Krčmár. Er wurde der besseren Lesbarkeit wegen, mit freundlicher Genehmigung des Autors, für dieses Buch eingedeutscht.

Fotografie: Klaus Lipa, Diedorf bei Augsburg: S. 10 oben, 11, 26, 27, 40, 41, 52, 53 und die Umschlagfotos. Štefan Blažo fotografierte alle anderen Bilder.
Übersetzerin: Silke Klein
Lektorat: Eva-Maria Müller
Umschlagkonzeption: Kontrapunkt, Kopenhagen
Umschlaglayout / Herstellung: Melanie Gradtke
Layout: Uhl + Massopust, Aalen

Die Originalausgabe erschien unter dem Titel „Krigami“ bei Ikar, Bratislava.

AUGUSTUS VERLAG, München 2000

Satz: Gesetzt aus Lucida Sans 11,5/15 Punkt, Uhl + Massopust, Aalen
Reproduktion: Uhl + Massopust, Aalen
Druck und Bindung: Appl, Wemding

Gedruckt auf 115 g umweltfreundlich chlorfrei gebleichtes Papier.

ISBN 3-8043-0768-X

Printed in Germany

Vorwort

LIEBE BASTLERIN, LIEBER BASTLER!

Kannst du gut Papier schneiden? Wenn ja, dann ist dieses Buch genau richtig für dich. Alles setzt sich aus einfachen Elementen zusammen, und jedes Modell wird Schritt für Schritt ausgeschnitten. So entstehen außergewöhnliche Masken, Spielzeug und viele hübsche Papierfiguren.

Wenn du also Lust hast, etwas zu basteln, dann solltest du nicht lange überlegen. Bis du zum Nachdenken kommst, wird sich vor deinen Augen und in deinen Händen schon ein herrliches Königreich aus Papier zeigen. Es wird sich über den Tisch und in die Regale ausbreiten und dir bestimmt viel Freude bereiten. Und wenn du diese Freude mit anderen teilen möchtest, dann schenkst du jemandem, den du magst, einfach eines der selbst angefertigten Papierspielzeuge.

Alles, was du brauchst, ist Papier und eine gute Schere. Mit der Unterstützung von deinen Eltern, Großeltern oder anderer Erwachsener, die dir bestimmt gerne helfen, wirst du alle Objekte mühelos nachbasteln können. Vor allem beim Umgang mit der Schere kann die Hilfe eines Erwachsenen sehr nützlich sein.

Viel Spaß beim Basteln wünscht dir

Karol Kumar

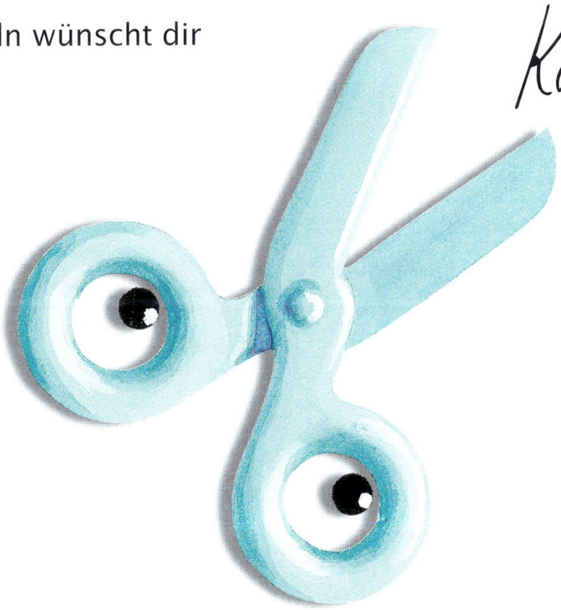

inhalt

Material und Hilfsmittel

◆ PAPIER

Am besten geeignet sind weißes Büropapier oder Buntpapier. In einigen Fällen verwendet man besser dünnen Karton, obwohl sich dieser nach dem Falzen schlechter schneiden lässt. Aber dabei hilft dir bestimmt ein Erwachsener.

◆ PAPIERGRÖSSE

Weißt du, was A4 bedeutet? Das ist eine Papiergröße, die du beim Basteln der Modelle am häufigsten brauchst. A4 ist 29,7 x 21 cm groß. Wenn du A4 über die kürzeren Seiten in der Mitte faltest, entsteht das kleinere Format A5. Papier, das doppelt so groß ist wie A4, heißt A3 (siehe Abbildung a, b und c).

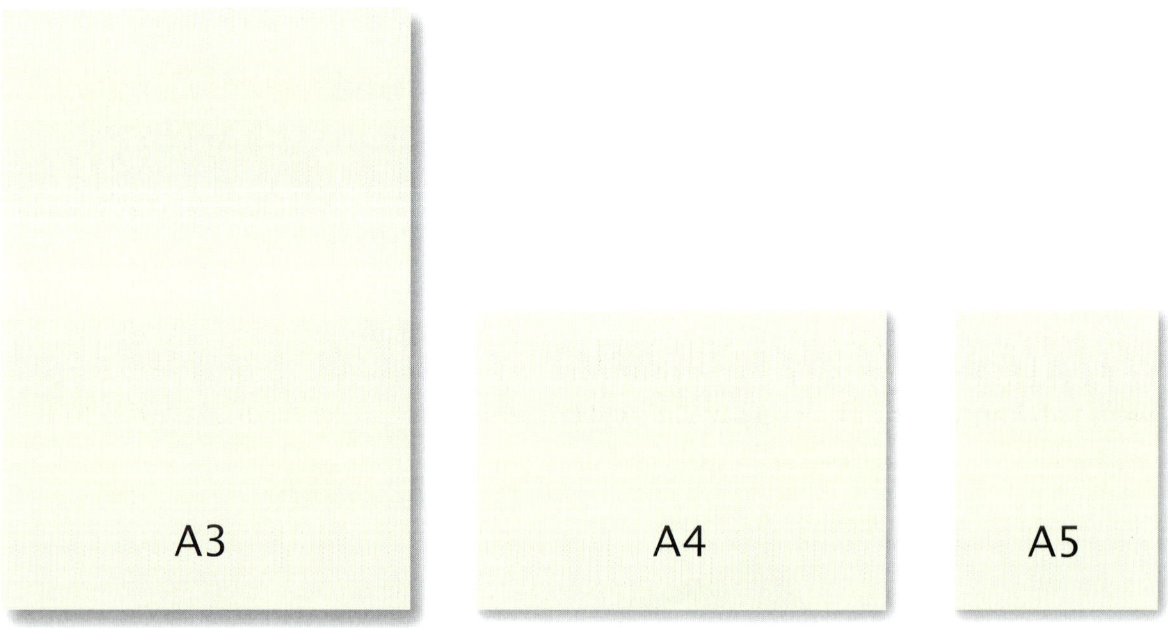

Abb. a Abb. b Abb. c

◆ SCHERE

Verwende die Schere, mit der du am besten schneiden kannst. Wenn du eine Schere mit scharfen Spitzen zur Hand nimmst, sollte ein Erwachsener in der Nähe sein. In einigen Fällen brauchst du auch eine kleine Nagelschere.

Begriffe und Zeichen

Beim Basteln begibst du dich auf einen spannenden Weg von der zweidimensionalen Welt der Fläche in eine dreidimensionale Welt, in der zur Breite und Höhe des Papiers noch die Tiefe dazukommt. Am Beginn des Weges stehen Zeichen, die dir helfen, damit du glücklich ans Ziel gelangst. Deshalb soll gleich zu Beginn etwas über sie gesagt werden.

◆ Eine **gestrichelte Linie** zeigt an, wo das Papier zu falten ist (siehe Abbildung a, b und c). An dieser Stelle entsteht nach dem Falten und Andrücken eine scharfe Falzkante.

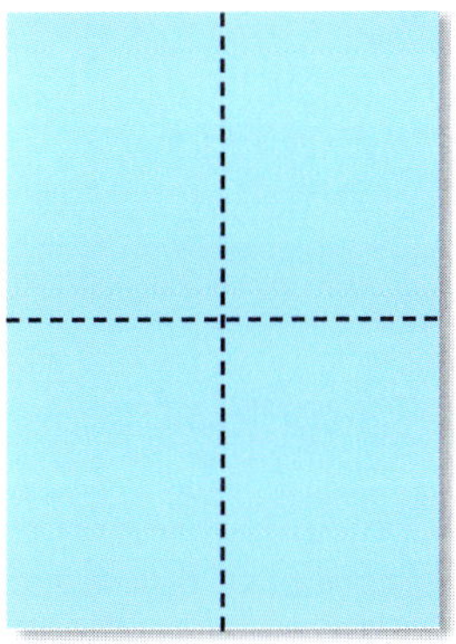

Abb. a

Falten in der Länge

Abb. b

Falten in der Breite

Abb. c

◆ Ein **schmales V bedeutet,** dass das Papier in der Mitte bereits gefaltet ist. Die Falzkante befindet sich auf der Seite, in die die Spitze des schmalen V zeigt. Diese Falzkante wird als **Hauptfalzkante** bezeichnet (siehe Abbildung d und e).

Abb. d

So sieht das Zeichen für gefaltetes Papier aus. Die Spitze des schmalen **V** zeigt an, auf welcher Seite die Falzkante liegt.

Abb. e

◆ Eine **durchgehende Linie** bedeutet einen Schnitt (siehe Abbildung a). Kleine Scheren am Beginn der Linie machen darauf aufmerksam.

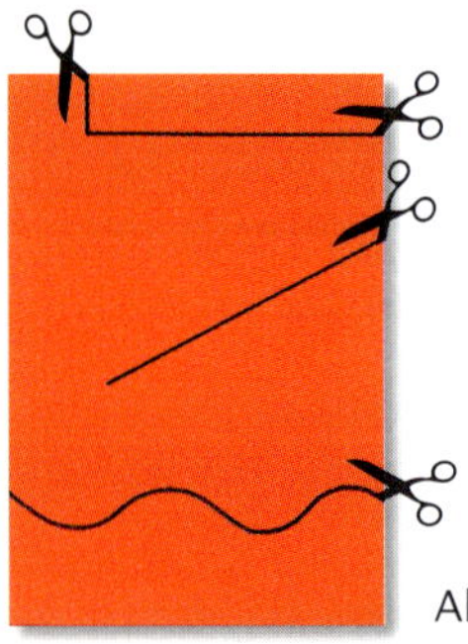

Abb. a

Abb. b

◆ Eine **gepunktete Linie** zeigt an, dass das Papier an dieser Stelle gerillt werden muss (siehe Abbildung a). Dazu legst du das Lineal direkt an der Linie an, wo das Papier später geknickt werden soll, und fährst mit der Scherenspitze dicht an der Linealkante entlang; dabei aber nur leicht aufdrücken (siehe Abbildung b). Falls notwendig, das Papier von beiden Seiten rillen.

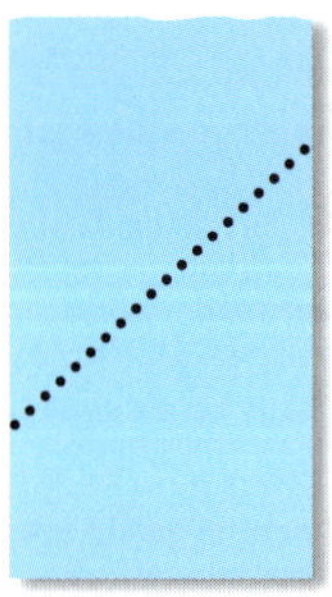

Abb. a

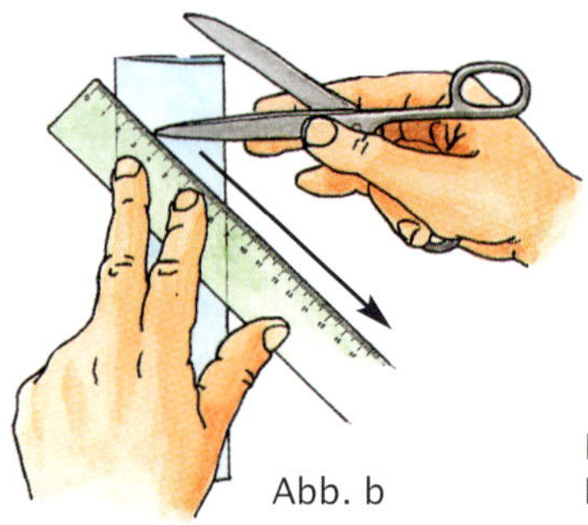

Abb. b

Mit einer Rille lässt sich das Papier leichter falten.

◆ Ein **dicker Pfeil** bedeutet, dass das Papier in Pfeilrichtung durchgedrückt oder eingeklappt wird. Dazu nimmst du den eingezeichneten Teil des Papiers an der Falzkante zwischen zwei Finger, ziehst ihn bis zum Ende des Schnitts und drückst die Falzkanten gut an (siehe Abbildung a, b, c, d, e und f).

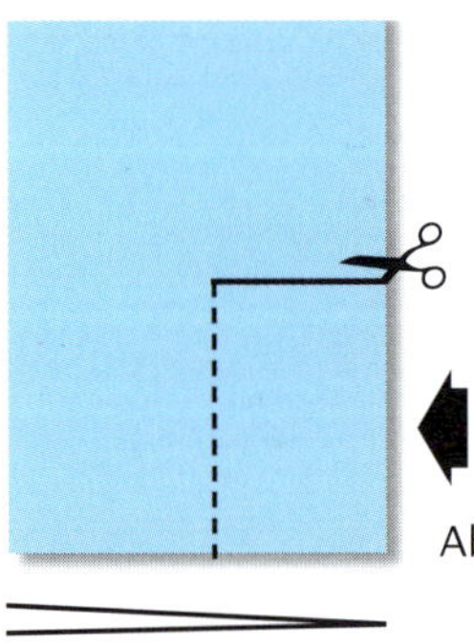

Abb. a

Abb. b

Abb. c

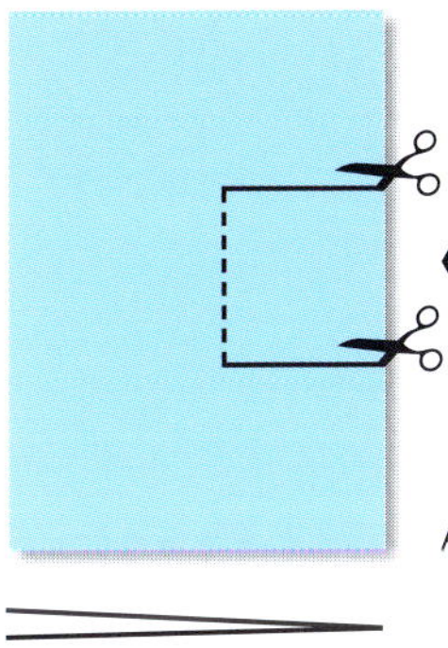

Abb. d

Abb. e

Abb. f

◆ Eine **bogenförmige Linie** neben der Abbildung macht darauf aufmerksam, dass das Papier oder ein Teil des Papiers gebogen werden muss (siehe Abbildung a und b). Ein ganzes Blatt biegst du, indem du es an den äußeren Kanten fasst und über eine scharfe Tischkante ziehst. Bei einem Papierstreifen zieht man die Schneide der Schere darüber und drückt mit dem Daumen leicht dagegen.

Abb. a

Abb. b

◆ **Knicken** bedeutet, dass du das gefaltete Papier etwas öffnest und in einem bestimmten Punkt auf der Falzkante in eine andere Richtung umbiegst (siehe Abbildung a, b und c).

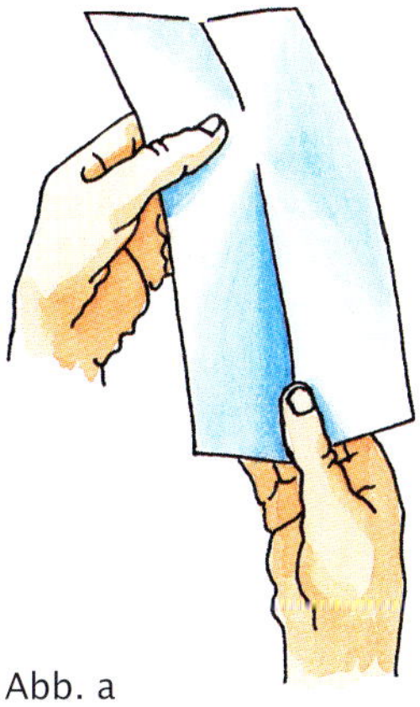

Abb. a

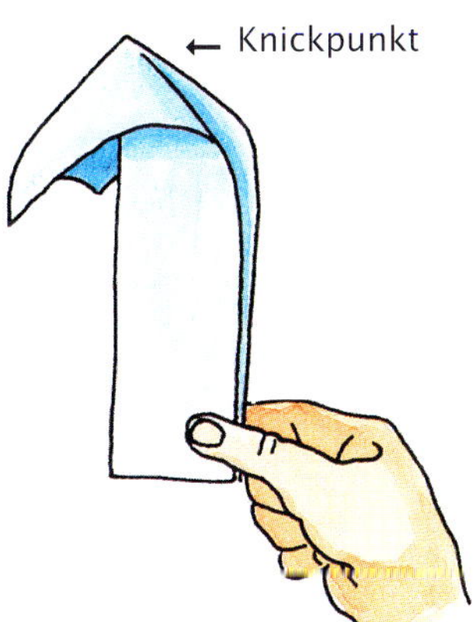

Abb. b

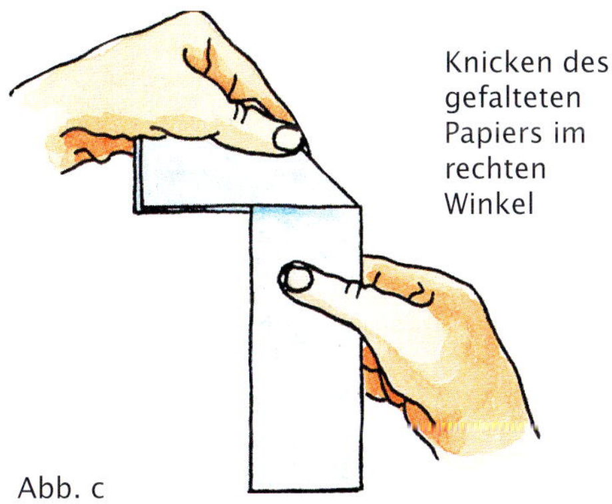

Abb. c

Einfache Mützen

Ganz am Anfang probierst du am besten etwas ganz Einfaches aus:
Ein oder zwei Schnitte genügen, und schon ist eine Mütze fertig!

◆ SCHATTENHUT oder SCHILDMÜTZE

1. Falte einen A4 großen Papierbogen in der Mitte. Dann nimmst du ihn so in die Hand, dass die Falzkante zu dir zeigt.

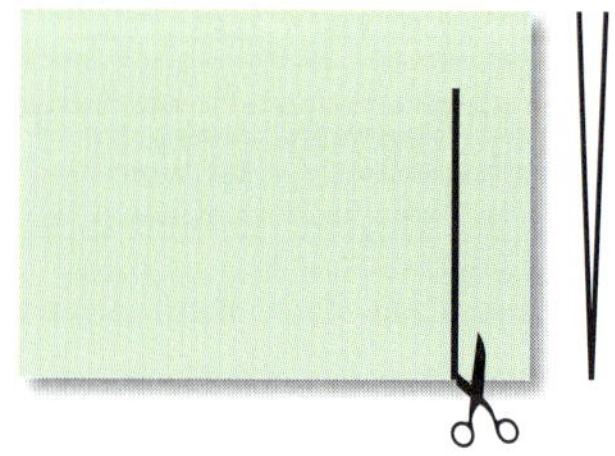

2. Jetzt machst du etwa 3 cm vom Rand entfernt einen senkrechten Schnitt, der ca. 3 cm vom gegenüberliegenden Rand entfernt enden muss.

3. Das Papier mit der Falzkante nach oben drehen, etwas öffnen und den durch den Schnitt entstandenen Streifen nach unten umklappen.

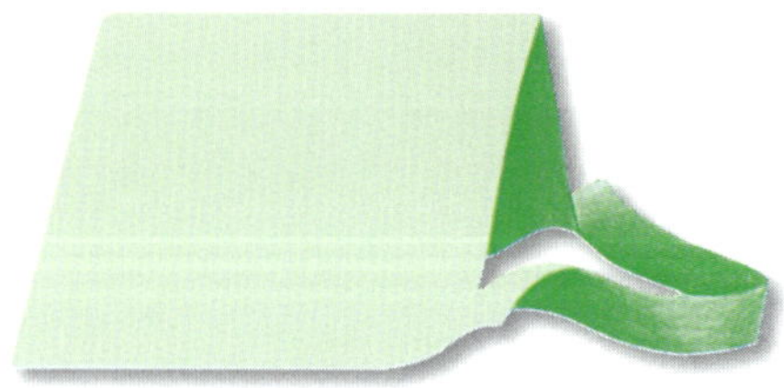

4. Wenn du jetzt das Papier öffnest und den herausgezogenen Streifen nach hinten ziehst, kannst du die Schildmütze aufsetzen.

◆ GESCHICKLICHKEITSMÜTZE

Warum heißt sie gerade so – die Geschicklichkeitsmütze? Weil sie denjenigen, der sie ausschneidet und aufsetzt, vor der Hexe „Missgeschick" schützt, die sich leider überall da einschleicht, wo gebastelt oder gearbeitet wird. Um diese Mütze herzustellen, musst du einfach ein paar Schnitte mehr machen als für die Schildmütze.

◆ ROTKÄPPCHEN

Wenn dir die Schildmütze gelungen ist, ist auch diese Rotkäppchen-Kopfbedeckung kein Problem. Es kommt einfach nur ein zweiter Schnitt hinzu.

1. In einen gefaltenen A4-Bogen ...

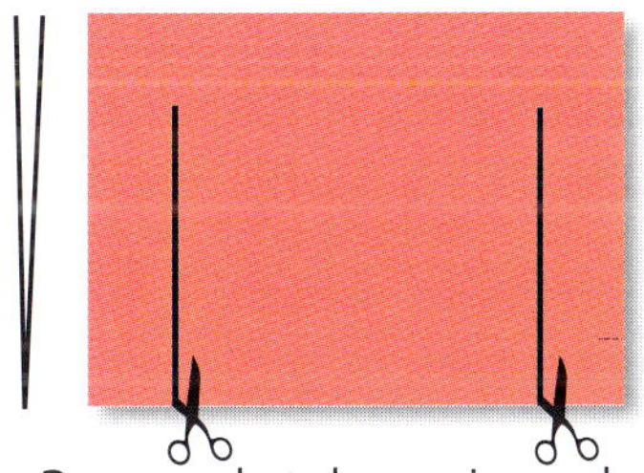

2. ... machst du zwei gerade Schnitte – auf jeder Seite einen und etwa 3 cm vom Rand entfernt.

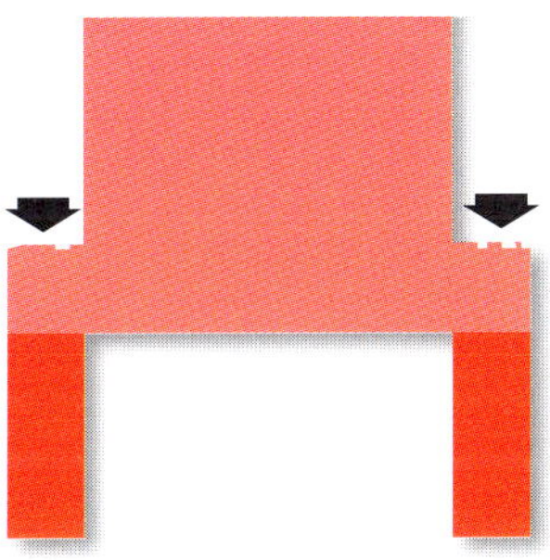

3. Das eingeschnittene Papier mit der Falzkante nach oben legen, die Außenstreifen nach unten umklappen ...

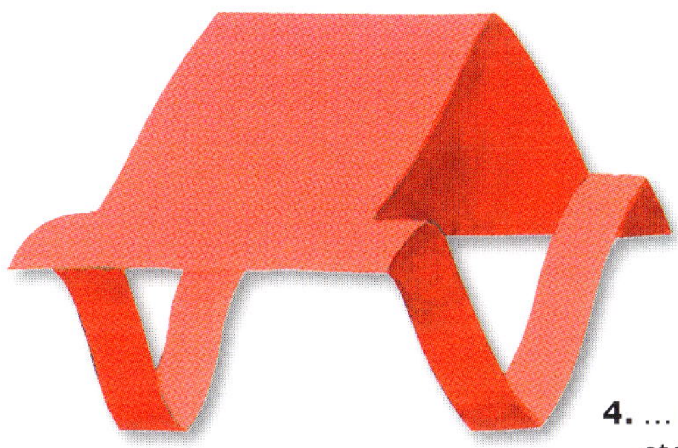

4. ... und unter die Ohren stecken.

Tipp So eine Mütze aus weißem Papier ist auch ein feiner Sonnenschutz. Wenn sie zerreißt, kannst du schnell eine neue basteln.

1. In einen gefalteten A4-Bogen ...

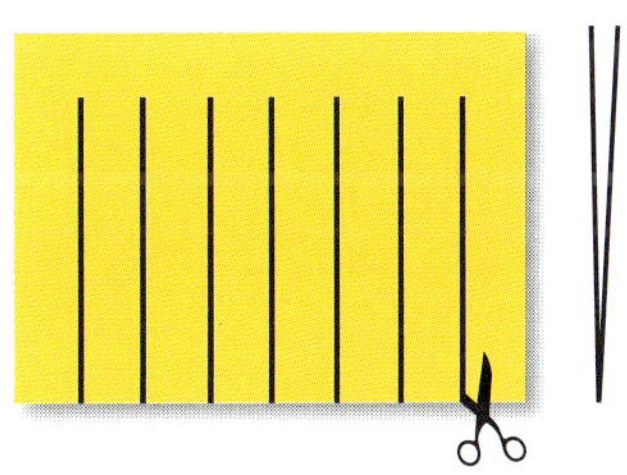

2. ... machst du so viele Schnitte, wie im Abstand von jeweils etwa 3 cm nebeneinander passen.

3. Öffne das Papier und ziehe es in Längsrichtung auseinander. Schon kannst du die Mütze aufsetzen.

DAS KÖNIGREICH AUS PAPIER

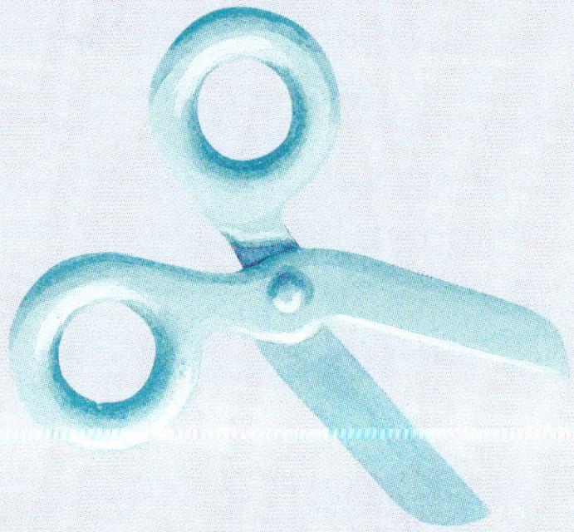

Du glaubst, dass alles nur eine Erfindung ist und das Königreich aus Papier gar nicht existiert? Keine Sorge, ich war sogar dort. König Heft hat nach mir schicken lassen, weil ihn ein großes Unglück ereilt hatte. Die Prinzessin Schreibheft war in eine tiefe Papierschlucht gefallen, weil sie sich nach dem riesigen Drachen Papierfresser umschaute, der gerade über die Burg flog. So rief man mich als den besten Papierologen der Welt, damit ich sie da heraushole. Willst du wissen, wie ich dahin gelangt bin? Mit einem Hubschrauber, versteht sich.

◆ HUBSCHRAUBER

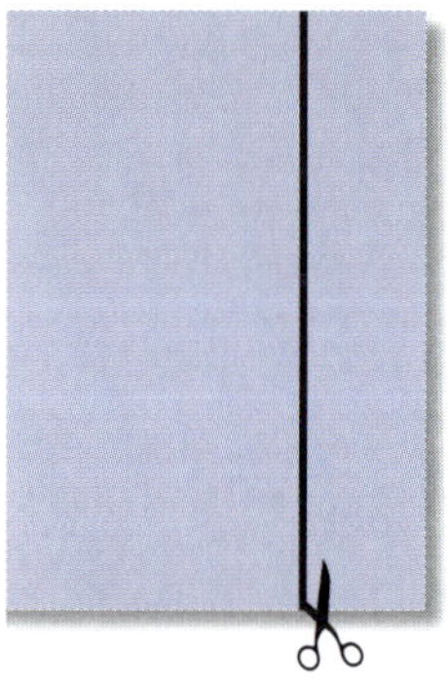

1. Von einem A5-Bogen schneidest du einen Streifen ab, etwa so wie im Bild gezeigt.

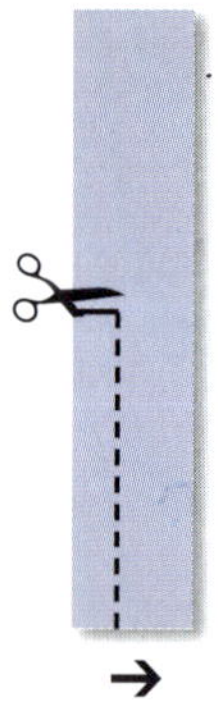

2. In der Mitte des Streifens schneidest du diesen an der linken Seite etwa bis zu einem Drittel der Breite ein.

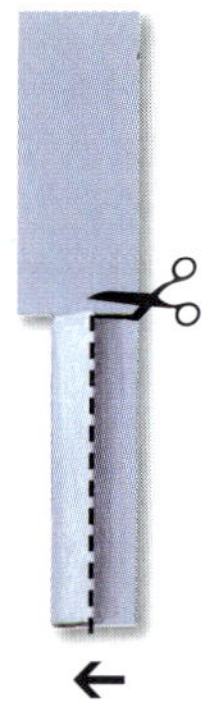

3. Genauso machst du es auf der rechten Seite. Die eingeschnittenen Papierteile werden jetzt übereinander geklappt.

4. Nimm den Streifen so in die Hand, dass das breitere Ende zu dir zeigt. Jetzt machst du an dieser breiten Seite in der Mitte einen Schnitt, der etwa 1 cm über den kurzen Einschnitten endet. Ein Stück vom Ende weg fasst du den schmalen Teil mit der rechten Hand, damit sich die übereinander geklappten Teile nicht öffnen, und drehst das Ende mit der linken Hand ein.

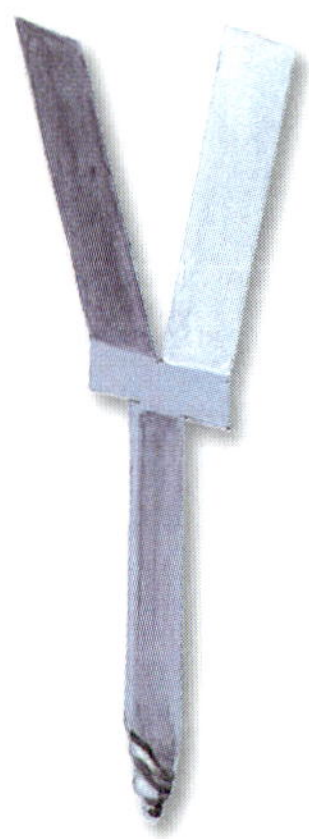

5. Halte den Hubschrauber so, dass der schmalere gefaltete Teil nach unten und die Enden des eingeschnittenen Teils nach oben weisen. Die eingeschnittenen Streifen ziehst du leicht auseinander, so dass einer zu dir hin, der andere von dir weg zeigt. Die Hand so weit es geht nach oben recken, loslassen und … dein Hubschrauber fliegt!

Im Königreich aus Papier erwartete mich auf dem Flugplatz Origami bereits Seine Hoheit König Heft mit seinem ganzen Gefolge. Sofort begaben wir uns zur Papierschlucht. Das Problem bestand darin, dass im gesamten Königreich kein so langes Stück Papier zu finden war, dass es bis zur Prinzessin gereicht hätte. Was sollten wir also tun? Nicht umsonst bin ich der größte Papierologe der Welt, denn ich kann mir in jeder Situation etwas ausdenken. Ich überlegte und überlegte, bis mir einfiel, dass ich zu Hause immer durch eine Tür oder über eine Leiter irgendwohin gelange. Versuch' es doch auch einmal.

◆ LEITER

1. In einen Bogen Papier der Größe A4 schneidest du eine Tür. Dazu schneidest du an allen drei Seiten eine gerade Linie, so dass an den Rändern der Türrahmen stehen bleibt. Damit die Tür mit dem Rahmen verbunden bleibt, bekommt eine lange Seite keinen Schnitt. Wenn du die Tür öffnest, … geschieht (noch) nichts.

2. Schneide in die ausgeschnittene Tür eine weitere, in entgegengesetzter Richtung. Öffne sie vorsichtig … wieder nichts.

3. Aber es geht weiter. Auch in diese Tür schneidest du eine weitere …

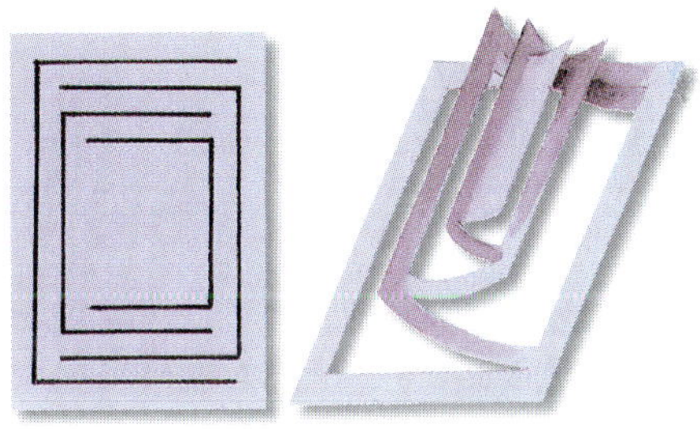

4. … und in diese wieder eine und noch eine …

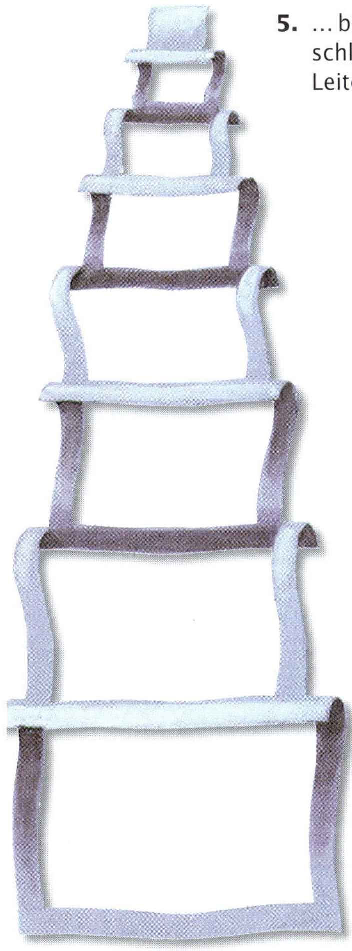

5. … bis aus dem Papier schließlich eine lange Leiter geworden ist.

Die Leiter war aber zu kurz. Ich musste mir also etwas anderes ausdenken.

◆ SEIL

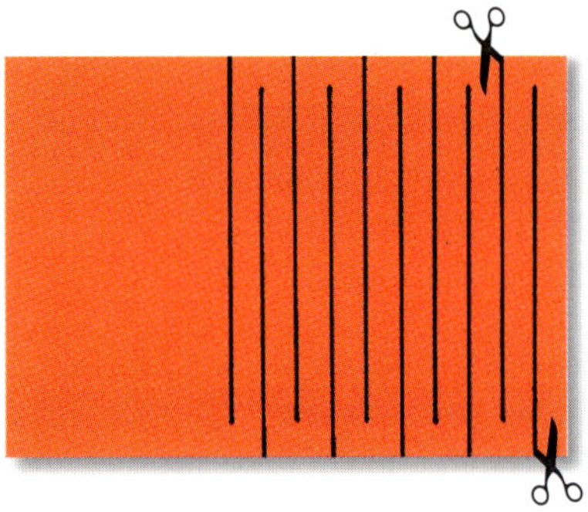

1. In ein Blatt Papier der Größe A4 schneidest du vom Längsrand aus einen dünnen Streifen nicht ganz bis zum gegenüberliegenden Rand ein. Drehe das Papier um und schneide genauso vom gegenüberliegenden Rand den zweiten Streifen ein. Das Papier erneut umdrehen und weiterschneiden. So lange wiederholen bis …

2. … ein langer Streifen entstanden ist.

Es sah schon so aus, als sei die Prinzessin Schreibheft gerettet, doch als sie das Seil packte und wir daran zogen, riss es. In dem Moment erinnerte ich mich daran, dass die Indianer lange Bänder zum Zusammenbinden von Ästen und Ruten verwenden. Sie schneiden aus einem kreisförmigen Stück Leder einen dünnen Streifen aus.

◆ SPIRALE

1. Schneide einen Kreis aus (als Vorlage kann ein Teller dienen). Dann schneidest du vom Rand aus in der Breite, die du dir vorstellst, einen Streifen – immer ringsum, bis zur Mitte des Kreises.

Auf meine Empfehlung hin und auf Befehl von König Heft schnitt jeder Bewohner des Königreichs aus Papier einen solchen langen Streifen. Dann knüpften wir aus all diesen Streifen ein richtig langes Seil. Mit diesem konnten wir endlich die Prinzessin Schreibheft befreien.

◆ SÄNFTE

1. Falte einen Bogen der Größe A5 der Länge nach. Dann machst du von der Falzkante aus, die zu dir zeigt, mit 1,5 bis 2 cm Abstand zum Rand einen geraden Schnitt. Der Schnitt soll etwa 1,5 cm vor der gegenüberliegenden Seite enden.

2. Der zweite Schnitt erfolgt von der anderen Seite und …

3. … ein dritter wiederum von der Falzkante aus.

4. Genauso schneidest du nun auch das andere Ende des gefalteten Papiers ein …

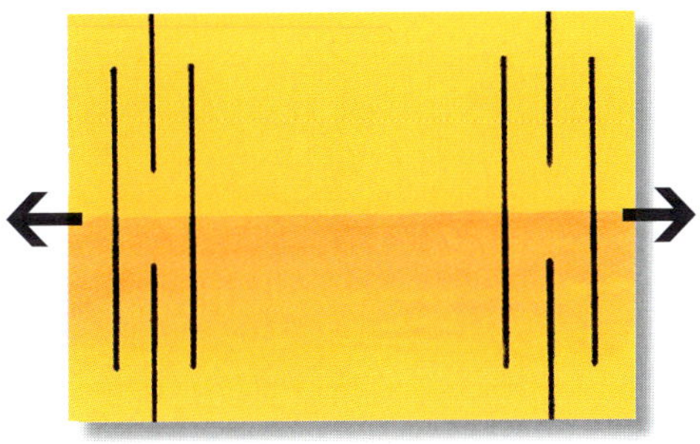

5. … das du dann auseinander klappst. Die äußeren Streifen in der Mitte fassen und leicht auseinander ziehen.

Das war eine Freude! König Heft überreichte mir zur Belohnung 2000 vollkommen saubere Bogen Papier. Er wollte mir auch Prinzessin Schreibheft zur Frau geben, doch ich lehnte dankend ab, weil ich schon eine Frau habe. Schreibheft war froh darüber, weil sie den Prinzen Kalender liebt, der sehr weise ist und sich alle Feiertage im Jahr merken kann. Dann gab es ein Festessen. Dort wurden lauter Leckereien angeboten – Papierröllchen mit Zellulose-Füllung, gefüllte Dosen, geschmückt mit Servietten, und alles wurde mit reiner, nicht gepanschter Tinte Jahrgang 2000 heruntergespült.
Nach der anstrengenden Rettungsaktion und dem noch anstrengenderen Festessen konnte ich mich endlich ausruhen und ein wenig umschauen. Ich stand auf dem Balkon der schönen Burg, und vom darunter liegenden Hang leuchteten zwischen den Bäumen die roten Dächer von hübschen Häuschen zu mir herauf.
Mit meiner Beschreibung kannst du sie basteln.

◆ HÄUSER

1. Für ein größeres Haus verwendest du Papier der Größe A4, für ein kleineres A5. Falte das Papier zur Hälfte und ziehe mit dem Nagel eine scharfe Falzkante.

2. Nun öffnest du den Bogen und faltest die Hälften nach innen, so dass die Kanten am Falz liegen. Das Papier so zusammenklappen, dass alle Viertel übereinander liegen.

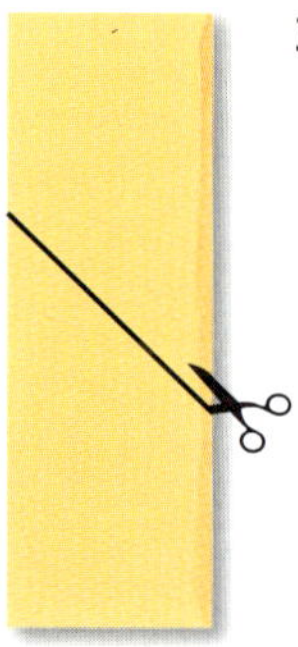

3. Das so gefaltete Papier schneidest du schräg in zwei etwa gleich große Teile. Aus jedem Teil kann man ein Haus bauen.

4. Wenn du das Papier eines Teils auseinander faltest …

5. … und auf eine flache Unterlage stellst, treffen die Kanten aufeinander. Fertig sind die Hauswände.

FENSTER

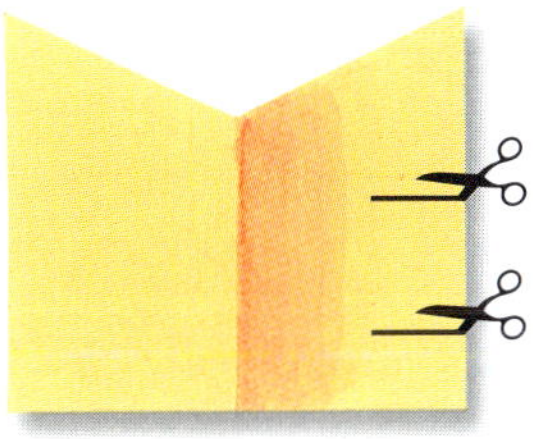

6. Drücke das Häuschen so zusammen, dass die längeren Falzkanten außen liegen. Schneide senkrecht zu einer dieser Kanten zwei gleich lange parallele Schnitte.

7. Das zwischen den Schnitten liegende Papier leicht auseinander falten, nach innen drücken, bis zu den Schnittenden ziehen und andrücken. Dann öffnen.

TÜR

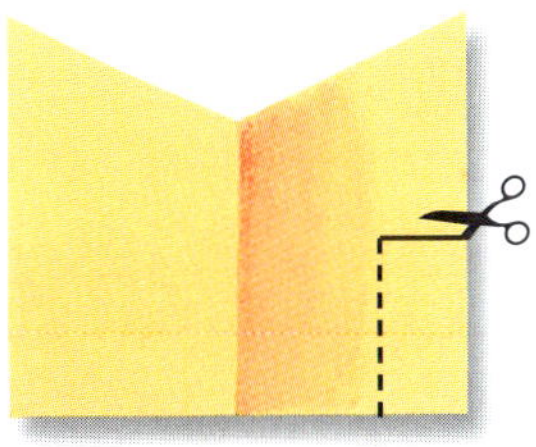

8. Die Tür entsteht durch einen einzigen Schnitt in die Mitte einer der längeren Falzkanten. Er muss wieder senkrecht zu dieser Kante erfolgen.

9. Falte das unterhalb des Schnitts liegende Papier leicht auseinander, drücke es nach innen und ziehe es bis zum Schnittende. Beim Andrücken entstehen neue Falzkanten.

DACH

10. Das ist die Mütze des Hauses. Das Dach ensteht aus einem Papierbogen im Format A4 oder A5, je nach Größe des Häuschens. Wenn du rotes Papier hast, ist das umso besser. Falte es zur Hälfte …

11. … und lege es auf das Häuschen.

Prinzip Ist es dir gelungen, ein Fenster in das Haus zu machen? Dann erlaube, dass ich dir zum Gewinn eines Prinzips gratuliere. Du willst wissen, was das ist? Es ist etwas Grundlegendes, die Hauptsache. So ist es zum Beispiel für einen Zoo grundlegend, dass dort Tiere sind. Sie bilden seine Grundlage. Auf der Welt gibt es viele Zoos, und jeder ist anders. Wichtig ist, dass dort Tiere sind. Das ist das Prinzip des Zoos. Das Prinzip von einigen Papierarbeiten sind zwei Schnitte in die Falzkante des gefalteten Papiers. Dadurch lässt sich ein Teil des Papiers nach innen schieben, wobei dieser Teil verschiedene Formen haben kann – zum Beispiel die eines Herzchens, eines Tores, eines Balkons und vieles mehr. Das Schneiden nach diesem Prinzip heißt „räumliches Schneiden“.

◆ BURG

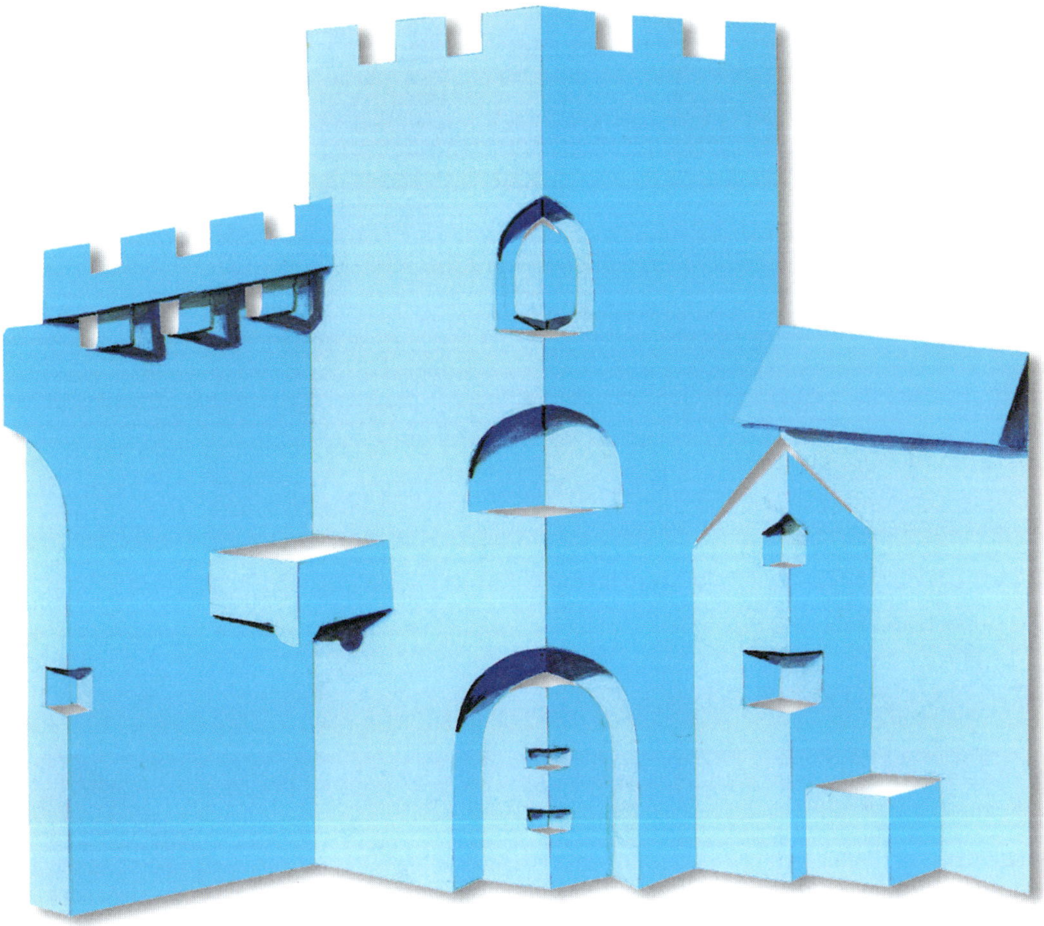

◆ Mauern

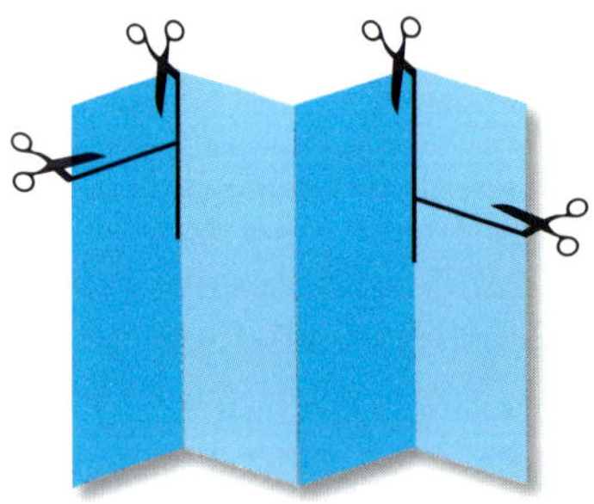

1. Nimm ein Blatt Papier der Größe A4. Dieses auf die Hälfte falten und die Hälften wieder zur Hälfte falten – wie eine Ziehharmonika.

2. Jetzt schneidest du von oben in die äußeren Falzkanten ein, links bis zu einem Drittel der Höhe, rechts bis ein Stück über der Mitte.

3. Im oberen Teil schneidest du an beiden Seitenstücken Papierstreifen ab – auf der linken Seite einen schmaleren, rechts einen breiteren.

Zinnen

4. Im linken Teil der Mauern legst du oben zwei parallele Falzkanten …

5. … als Ziehharmonika zusammen.

6. Dann schneidest du sechsmal in die obere Falzkante, an der auch der Rand des Papiers angelegt ist, ein. Die Schnitte sollen etwa in gleichen Abständen liegen und bis zur Mitte des gefalteten Streifens gehen. Jetzt knickst du am Papierrand jeden zweiten Teil zwischen den Schnitten nach hinten, und es entstehen Zinnen. Die Zinnen bilden die erhöhten Teile, zwischen denen Lücken sind. Die Lücken dienen zum Schießen, die erhöhten Stellen zum Schutz der Schießenden.

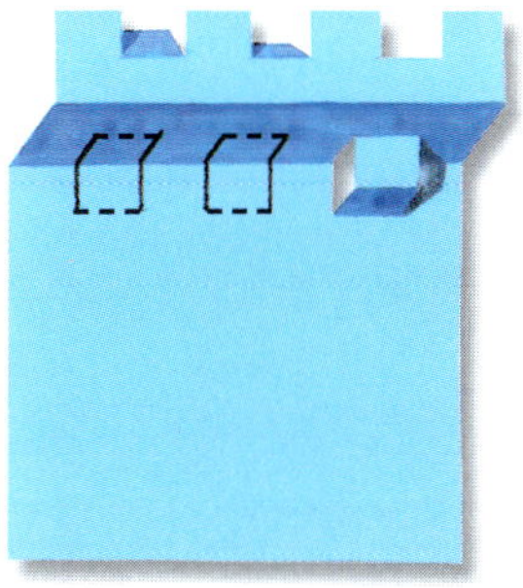

8. Das sind die Träger, die die vorgeschobene Zinnenreihe stützen.

7. Jeden zweiten Teil zwischen den Schnitten auf der unteren Falzkante ziehst du nach vorn bis zum Ende des Einschnitts und drückst die Falzkanten fest, damit sie scharf sind.

Gebrochene Ecke

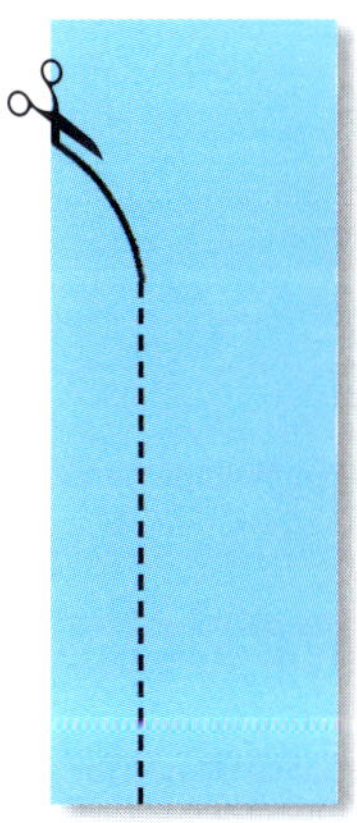

9. Am linken Rand der Burg gibt es eine gebrochene Ecke. Dazu schneidest du unter den Zinnen von oben nach unten einen Bogen. Den Teil unter dem Schnitt bis zum unteren Ende parallel zum linken Rand falten und nach hinten biegen. In die Falzkante schneidest du ein kleines Fenster (Anleitung siehe Seite 19).

Balkon

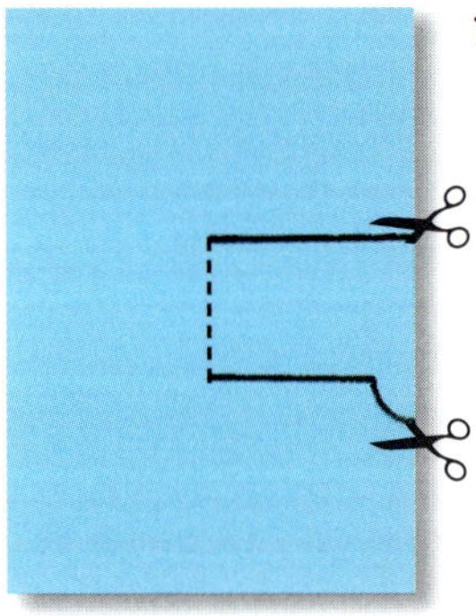

10. Für den Balkon machst du von der Rückseite zwei Schnitte in die linke Falzkante. Oben schneidest du gerade und rechtwinklig zur Falzkante, unten beginnst du mit einem Viertelkreis nach oben und schneidest dann weiter parallel zum oberen Schnitt. Den Balkon vorziehen.

Bogenfenster

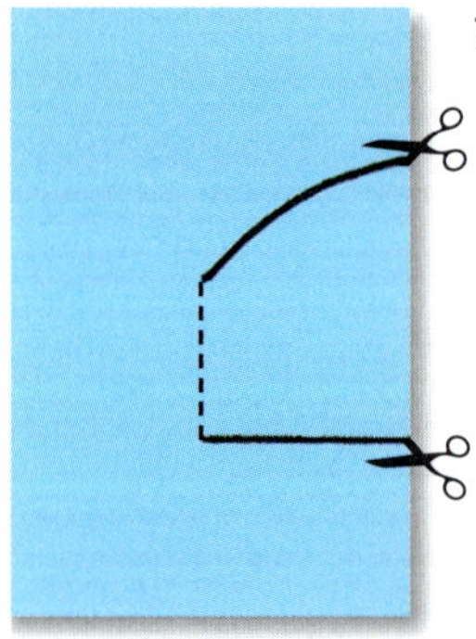

11. Das Bogenfenster schneidest du genau wie das gerade Fenster am Haus aus (siehe Seite 19) – nur mit dem Unterschied, dass der obere Schnitt bogenförmig gemacht wird.

Tor

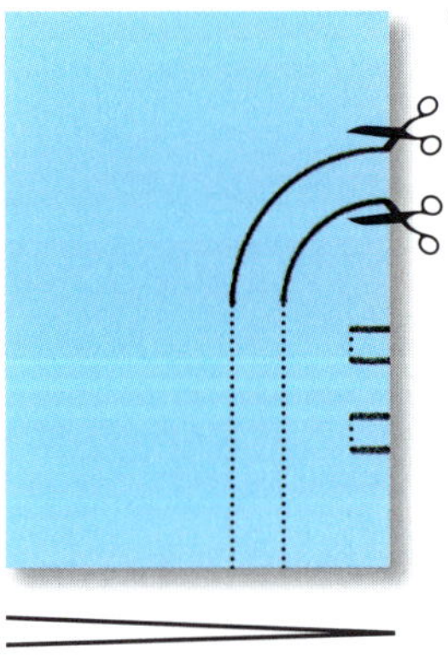

12. In die mittlere Falzkante an der Vorderseite der Mauer schneidest du zwei Halbbögen, einen größeren und einen kleineren. Unter diesen beiden Schnitten machst du senkrecht zur Falzkante zwei Paare aus kurzen Schnitten. Vom Ende der bogenförmigen Einschnitte an werden zwei senkrechte Linien nach unten eingerillt.

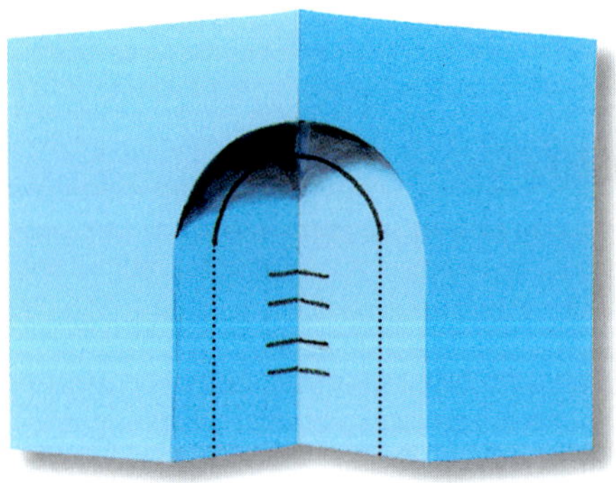

13. So entstehen zwei Tore. Ein großes und innen ein kleines. Drücke zuerst das große Tor nach innen.

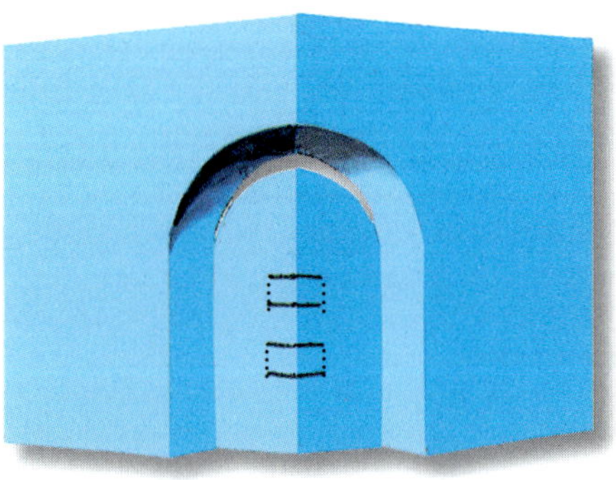

14. Anschließend ziehst du das kleine Tor in entgegengesetzter Richtung, also nach außen.

15. Zum Schluss werden noch die beiden kleinen Guckfenster am Tor eingedrückt.

Doppelfenster

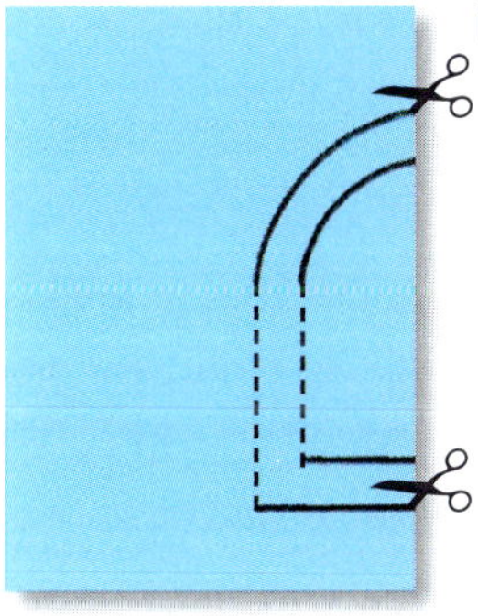

16. Das Doppelfenster schneidest du wie das Burgtor aus, nur brauchst du am unteren Ende zwei gerade, senkrechte Schnitte. Aus den oberen und den unteren Schnitten mit den gerillten Linien dazwischen entstehen zwei Fenster. Sind alle Schnitte und die parallelen Rillen angelegt, drückst du das größere Fenster nach hinten und ziehst von der Rückseite her das kleinere Fenster nach vorn.

Wachturm

18. Unter der Dachkante schneidest du von der Rückseite schräg in die hinten liegende Falzkante der Burg ein. Vom Ende des Schnittes aus wird eine senkrechte Linie nach unten gerillt. Dazu kommen noch vier weitere kleinere Schnitte, aus denen du zwei Fenster bildest (siehe Seite 19). Das untere ist gerade, das obere angeschrägt.

Dach

17. Biege den eingeschnittenen rechten Teil der Mauern so nach vorn, dass die Falzkante senkrecht zum Mauerrand verläuft.

Tipp Deine Burg muss nicht genauso aussehen wie die im Königreich aus Papier. Vielleicht wünschst du dir mehr Fenster und Balkone, verschiedene Winkel oder dichter stehende Zinnen? Überlege gut und schneide dann deine eigene Burg aus. Mit Papier in der Größe A3 oder einem noch größeren Karton kannst du auch eine größere Burg basteln.

Überall im Königreich aus Papier wachsen Bäume. Um die Burg herum recken sich hohe Fichten empor, und in der Nähe der Häuser stehen Apfel- und Birnbäume.

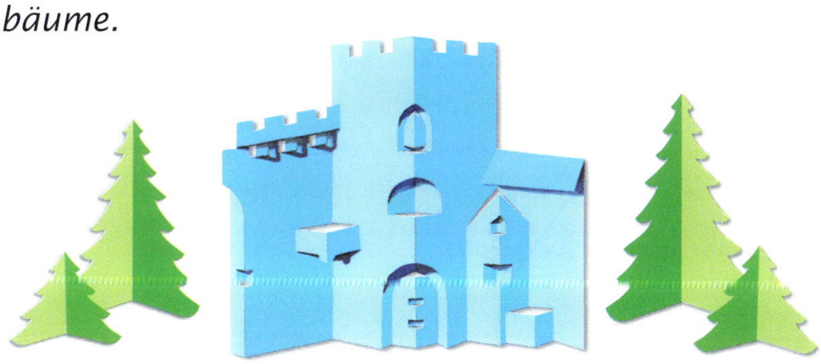

◆ FICHTEN

Die Äste der Fichte sind unten größer und werden nach oben hin immer kürzer.

1. Falte ein Blatt der Größe A4 oder A5 – je nachdem, wie groß deine Burg ist – der Länge nach auf die Hälfte, wobei die Falzkante den Baumstamm bildet. Von der oberen Ecke aus beginnst du jetzt die einzelnen Äste auszuschneiden, die nach unten hin immer ein bisschen größer werden. Jeder Ast entsteht aus zwei gerundeten Schnitten, die zusammen eine Spitze bilden.

2. Die Fichten können entweder niedrig und breit oder schmal und hoch sein, je nachdem, welche Papiergröße du wählst und ob das Blatt über die Breite oder über die Länge gefaltet wird.

BIRNBAUM

1. In einen gefalteten Bogen Papier der Größe A4 oder A5 schneidest du von der Falzkante weg den halben Umriss eines Laubbaumes: mit bogenförmigen Schnitten die Krone, darunter senkrecht den Stamm. Unter dem Stamm schneidest du einen großen Bogen – das ist der Hügel, auf dem der Baum steht.

2. Auf der Krone, parallel zur mittleren Hauptfalzkante, machst du einige Ziehharmonikafalten …

3. … und klappst den stattlichen Baum auf. Jetzt fehlen noch die Birnen.

4. Diese werden mit zwei Bögen an den Falzkanten vorn und hinten eingeschnitten. Ein Stück bleibt frei.

5. Beim Schneiden mehrerer Birnen musst du aufpassen, sie nicht gegenseitig durchzuschneiden. Das kannst du verhindern, wenn du die Birnen in verschiedenen Höhen anlegst. Das Papier zwischen den Schnitten drückst du immer auf die andere Seite durch.

Je mehr Bäume du schneidest, desto schöner wird das Königreich aus Papier.

MASKENBALL im KÖNIGREICH

◆ REGEN

1. Einen Bogen Papier in der Größe A4 oder A3 …

2. … legst du wie eine Ziehharmonika zusammen; dadurch entstehen mehrere Falzkanten.

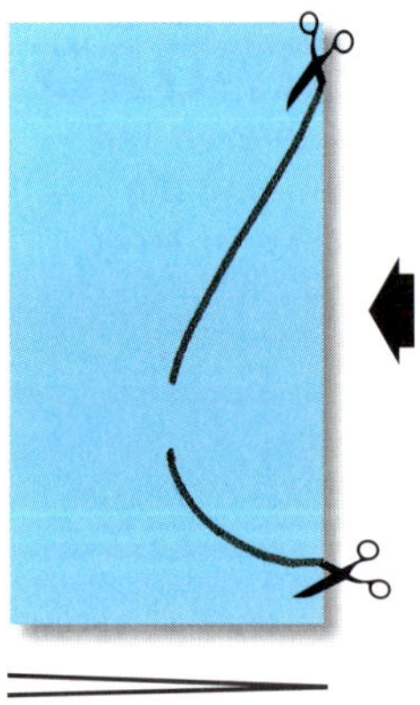

3. In die Falzkanten schneidest du Tropfen aus zwei Schnitten. Der untere Schnitt ist ein Viertelkreis nach oben, der obere führt schräg nach unten. Die Enden der Schnitte sollten gleich weit von der Falzkante entfernt sein, damit die kurzen Tropfen-Falzkanten parallel zu den großen Kanten verlaufen.

4. Die Tropfen kannst du von beiden Seiten des gefalteten Papiers einschneiden, nur musst du ähnlich wie bei den Birnen (siehe Seite 25) aufpassen, dass die Tropfen an der Vorder- und Rückseite in verschiedenen Höhen liegen. Jeden Tropfen auf die andere Seite durchdrücken und die Falzkanten andrücken.

WIND

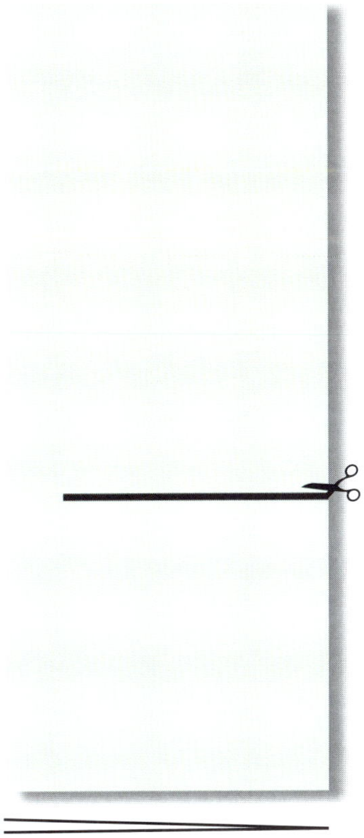

1. Einen Bogen Papier im Format A3 längs zur Hälfte falten und etwa bei einem Drittel der Höhe von unten den Hauptschnitt anlegen.

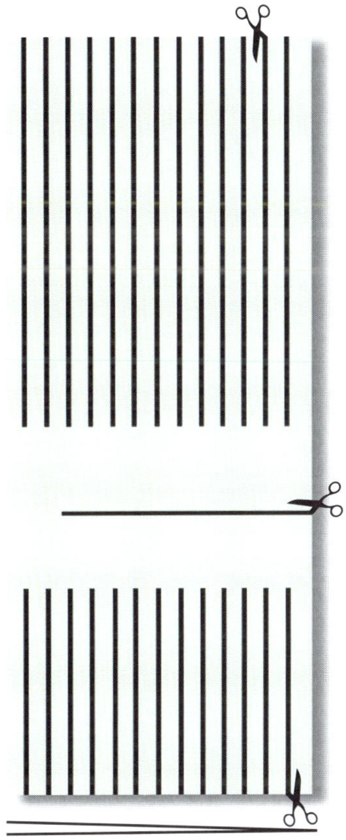

2. An der Ober- und Unterkante dünne Streifen einschneiden …

3. … die du in verschiedene Richtungen verdrehst.

◆ ORANGE

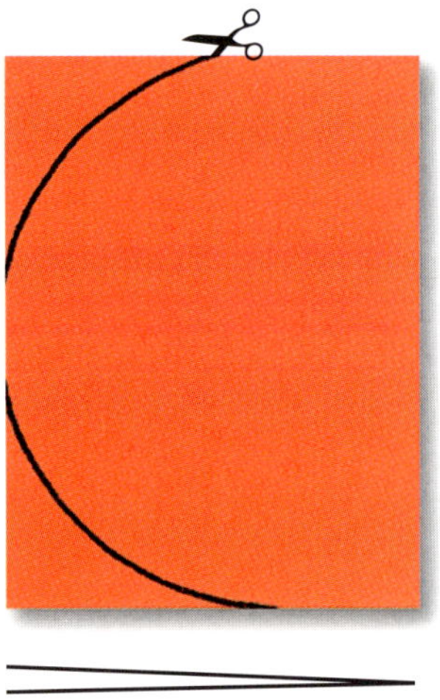

1. In einen zur Hälfte gefalteten Papierbogen Größe A4 schneidest du vom oberen Ende der Falzkante aus einen Halbkreis.

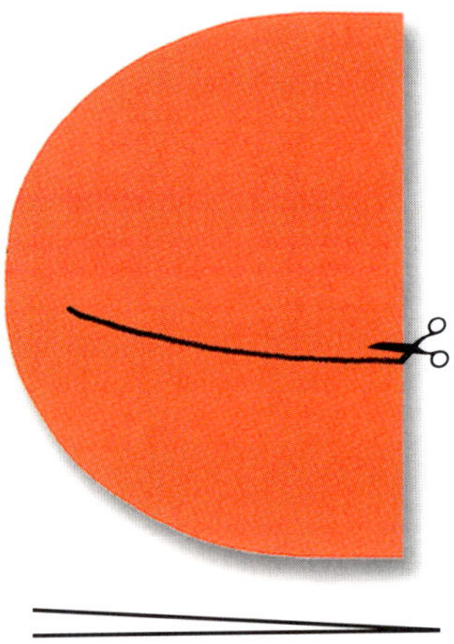

2. Für den Hauptschnitt im unteren Teil der Falzkante schneidest du einen leichten Bogen nach oben – wie ein Lächeln.

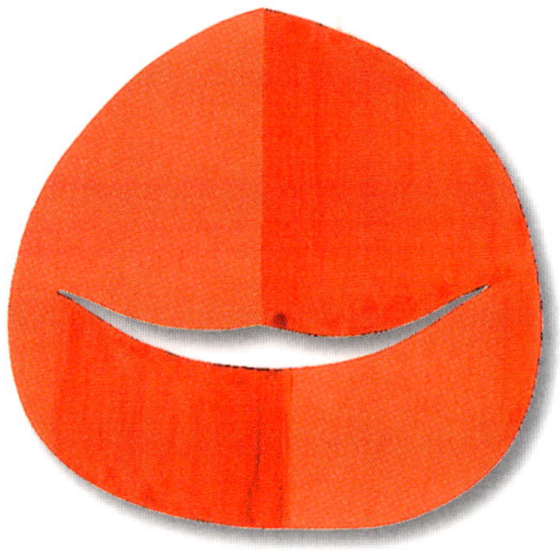

3. Ziehe den unteren Teil nach hinten, und schon kannst du die Orange aufsetzen.

◆ ZITRONE

1. Du schneidest gefaltetes Papier im Format A4 vom oberen Ende der Falzkante einen kleinen Bogen, der an seinem Ende in einen großen Bogen übergeht. Die untere Ecke schneidest du bogenförmig ab.

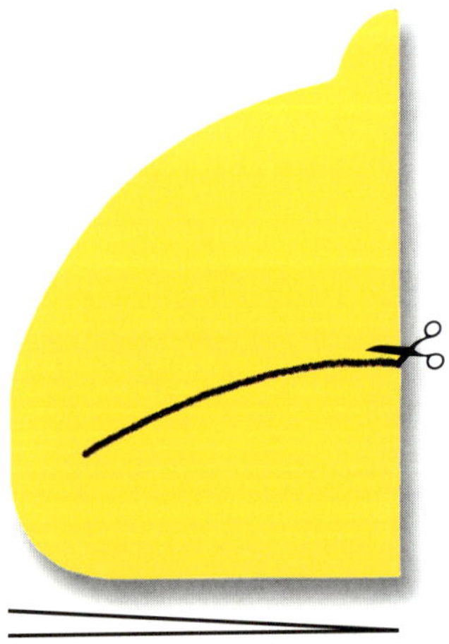

2. Den Hauptschnitt zunächst senkrecht zur Falzkante setzen; weiter hinten schneidest du eine leichte Biegung nach unten.

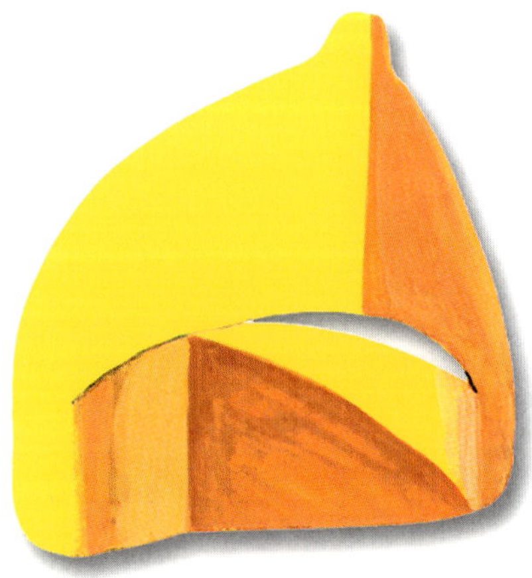

3. Ziehe nun den oberen Teil nach vorn, den unteren nach hinten und setze dir die Zitronenhaube auf.

APFEL

1. In einen gefalteten Bogen der Größe A4 schneidest du von der Oberkante aus die Hälfte eines Apfels – mit kurzem Stiel.

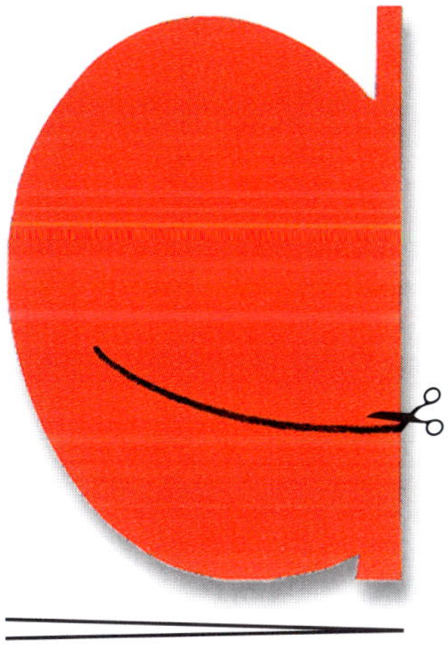

2. Dann bildest du im unteren Teil den Hauptschnitt (siehe Abbildung).

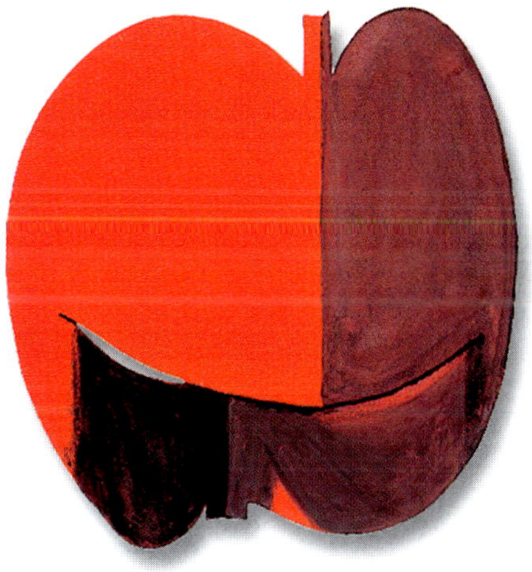

3. Die Maske etwas auseinander ziehen – schon kannst du sie aufsetzen.

BIRNE

1. In einen gefalteten Bogen des Formats A4 schneidest du die halbe Form einer Birne mit kurzem Stielansatz nach oben.

2. Den Hauptschnitt machst du wie in der Abbildung gezeigt.

3. Die fertige Maske. Jetzt muss nur noch ein passender Kopf dafür gefunden werden.

◆ MARGERITE

1. In einen gefalteten Bogen des Formats A4 schneidest du vom oberen Ende der Falzkante aus lange, schmale Blätter, die an der Seite kürzer werden. Unten lässt du nur noch kurze, breite Blätter mit stumpfen Spitzen stehen.

2. Eine leicht wellenförmige Linie nach unten bildet den Hauptschnitt.

3. Halten den oberen Teil der Maske fest und ziehe den unteren nach hinten. So kannst du die Blumenmaske aufsetzen.

◆ SONNENBLUME

1. Schneide Blütenblätter in einen gefalteten Bogen der Größe A4 – wie bei der Margerite, nur dichter und kürzer.

2. Der Bogen des Hauptschnittes weist nach unten. Setze ihn über der Mitte der Falzkante an.

3. Die Maske wie beschrieben aufklappen. Fertig ist die Sonnenblume.

TULPE

1. In den oberen Rand eines gefalteten Papierbogens A4 schneidest du breite, leicht gerundete V's, die links außen mit einem schrägen Schnitt abschließen. Die untere Ecke des Papiers wird bogenförmig ausgeschnitten.

2. Den Hauptschnitt in Form eines breiten V's hoch ansetzen. Darunter schneidest oder stanzt du mit einem Locher ein Loch für die Augen aus (siehe Abbildung). Abstand zwischen deinen Augen vorher abmessen.

3. Anders als bei den anderen Masken, ziehst du zum Aufsetzen hier den unteren Teil nach vorn, den oberen dagegen nach hinten. Deshalb ist es wichtig, dass die Öffnungen für die Augen genau an der richtigen Stelle sitzen.

GLOCKENBLUME

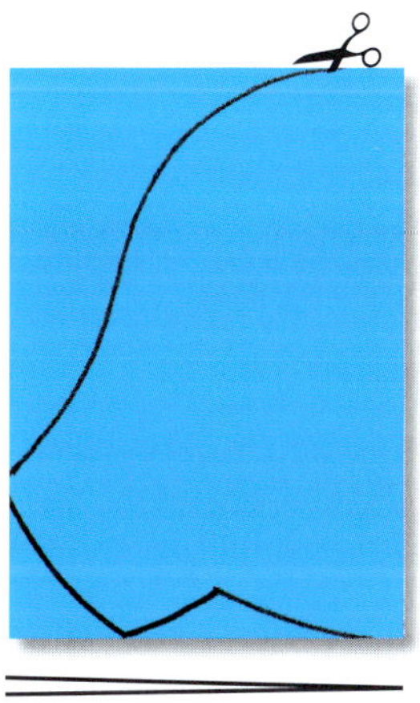

1. Von den oberen Papierkanten eines gefalteten A4-Bogens schneidest du die Form der Glockenblume aus, am unteren Rand ein sehr breites V.

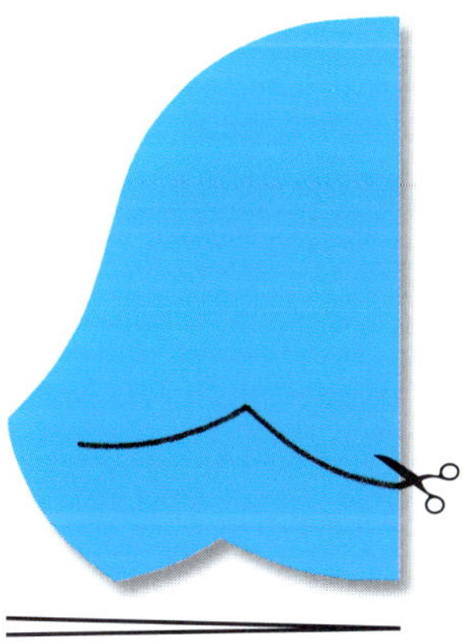

2. Über den unteren Rand setzt du dann den Hauptschnitt in ähnlicher V-Form.

3. Jetzt ziehst du den unteren Teil der Blume nach hinten und kannst die Maske aufsetzen.

VOGEL

1. In einen gefalteten Bogen der Größe A4 schneidest du, beginnend etwa 3 cm über dem Ende der Falzkante, schräg nach oben – in Richtung der gegenüberliegenden Ecke – bis 3 bis 4 cm vor dieser Ecke.

2. Jetzt schneidest du, wie in der Abbildung gezeigt, im oberen Teil des Papiers ein Auge aus.

3. Ziehe den unteren Teil nach hinten und setze den oberen so auf deinen Kopf, dass der Schnabel etwas nach vorn steht. Schnabel und Kopf des Vogels liegen auf deiner Stirn.

FROSCH

1. Etwa 4 cm vom oberen Ende des gefalteten A4-Bogens entfernt, den Frosch ausschneiden. In der Mitte schneidest du einen kleinen Bogen nach oben, unter dem später das ausgeschnittene Auge liegt.

2. Der Hauptschnitt wird in der oberen Hälfte der Falzkante begonnen. Zuerst schneidest du leicht bogenförmig nach unten, zum Ende hin legst du dann wieder einen kleinen Bogen nach oben an.

3. Zum Aufsetzen der fertigen Maske den oberen Teil festhalten und den unteren nach hinten ziehen.

MAUS

1. Von einem gefalteten A4-Bogen schneidest du mit zwei leicht gerundeten Schnitten in Form eines breiten V's die nicht benötigten Teile am oberen Rand ab. Genauso machst du es an der linken Seite. So entstehen die Ohren.

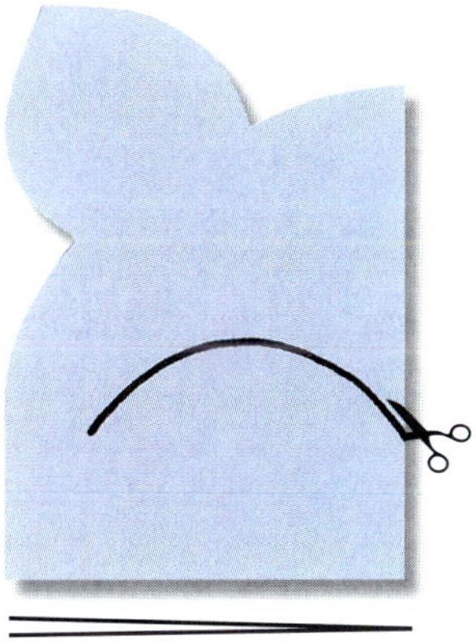

2. Der Hauptschnitt ist ein Bogen, der zuerst nach oben, dann nach unten angelegt wird. Mit dem Schneiden beginnst du in Höhe des unteren Drittels der Falzkante.

3. Zum Aufsetzen der Maske hältst du den oberen Teil fest und ziehst den unteren nach hinten.

KATZE

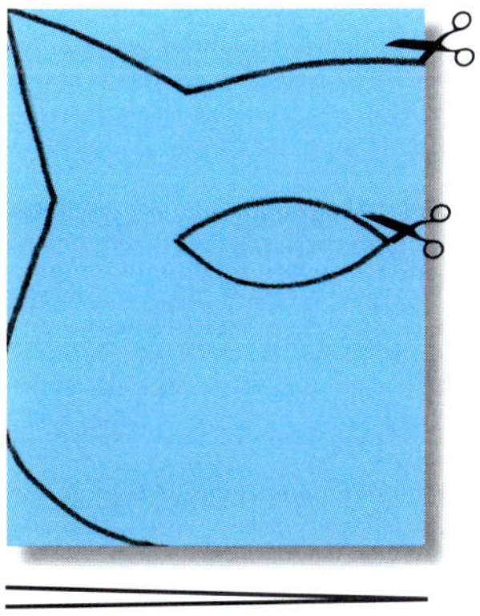

1. Die Ohren schneidest du mit zwei Schnitten in Form eines breiten V's ins gefaltete Papier. Die linke untere Ecke wird rund abgeschnitten; hinzu kommt noch ein ovales Katzenauge.

2. Der Hauptschnitt von der Falzkante weg beginnt im ersten Drittel von unten und hat die Form zweier Bögen. Der erste Schnitt zeigt nach oben und bildet die Nase, der zweite Schnitt die Wangen.

3. Ziehe den unteren Teil nach hinten, und schon kannst du die Katzenmaske aufsetzen. Die ausgeschnittenen Augen dienen nicht zum Durchschauen, denn sie liegen auf deiner Stirn.

◆ Schwan

Diese Maske ist schwieriger zu basteln. Du benötigst einen größeren Bogen Papier in der Größe A3, der längs zur Hälfte gefaltet wird. Am besten wiederholst du noch einmal die Begriffe *Rillen* und *Knicken* des Papiers (siehe Seite 8 und 9), bevor du zu schneiden beginnst.

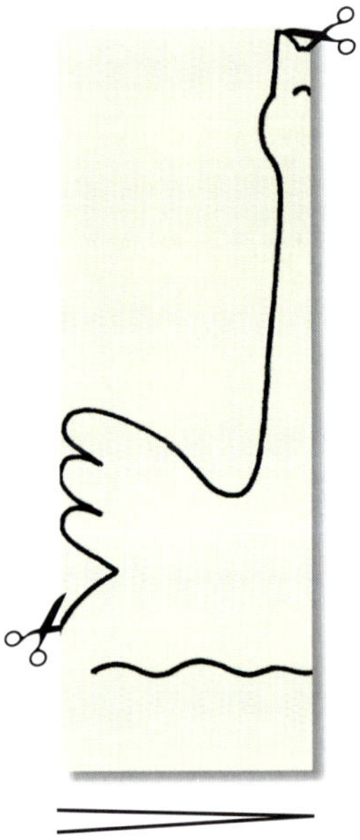

1. Aus dem gefalteten Papier schneidest du mit Hilfe der Abbildung von der rechten oberen Ecke aus den halben Umriss eines Schwans aus. Der wellenförmige Hauptschnitt senkrecht zur Falzkante liegt unterhalb der Schwanenform. An der Stelle, wo der Kopf in den Schnabel übergeht, schneidest du einen kleinen Bogen in die Falzkante. (Betrachte die Abbildungen 7 und 8 genau, damit du besser verstehst, wie der Kopf später aussieht.)

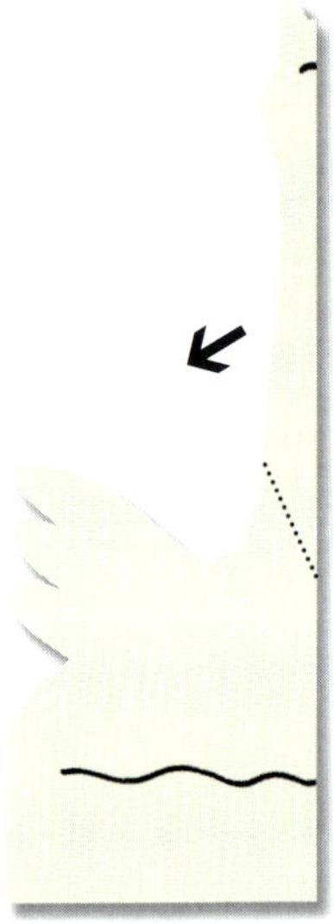

2. An der gepunkteten Linie wird jetzt – am besten auf beiden Seiten – das Papier gerillt (wie das genau funktioniert, erfährst du auf Seite 8).

3. Öffne den Schwan und knicke den Hals an den vorher gerillten Linie nach hinten.

4. Jetzt klappst du den Schwan wieder zusammen und legst ihn so auf den Tisch, dass der geknickte Hals nach links weist. Im oberen Teil, an der gepunkteten Linie, rillst du das Papier noch einmal.

5. Den Schwan ein zweites Mal öffnen und den Hals an den gerillten Linien schräg nach oben knicken.

6. Unter dem Kopf, an der gepunkteten Linie, wird das Papier wieder gerillt.

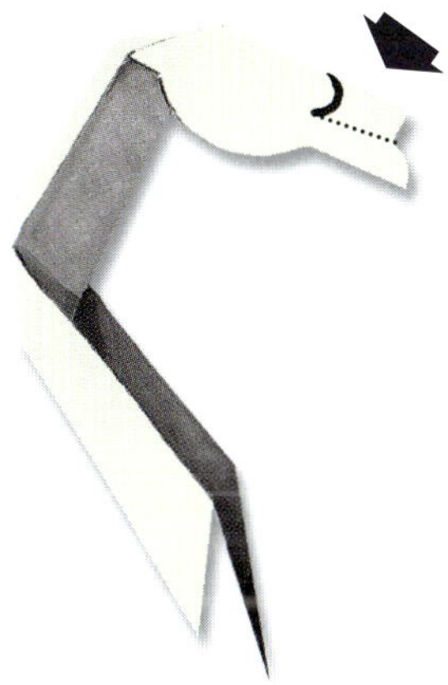

7. Klappe den Kopf an dieser Linie nach vorn und unten um. Dann rillst du den Schnabel an der gepunkteten Linie ...

8. ... und drückst den oberen Teil zwischen die beiden Papierseiten nach innen.

9. Ziehe den Teil des Schwans unter dem Hauptschnitt nach hinten, und schon kannst du die Maske aufsetzen.

DER KÖNIGLICHE HOF

Das Königreich aus Papier wäre kein richtiges Königreich ohne seine Bewohner und die Höflinge. Schneide also für diese Personen die passenden Masken aus.

◆ PRINZESSIN

1. Einen Bogen Papier im Format A4 zur Hälfte falten und in der Mitte der Falzkante senkrecht den Hauptschnitt ausführen.

2. Für die Krone wird von der Falzkante aus ein kleines V geschnitten, das etwa 5 cm breit ist; anschließend gerade nach unten schneiden und zum Rand hin mit einem Bogen abschließen.

3. Damit das Krönchen der Prinzessin noch hübscher wird, kannst du sie beispielsweise mit einem Herz verzieren. Dazu schneidest du in das gefaltete Papier für den oberen Teil einen Bogen. Der untere Schnitt zeigt schräg nach oben und muss etwa 1 cm vor dem ersten Schnitt beendet werden.

4. Von der Unterkante aus schneidest du parallel zur Falzkante etwa 8 cm lange Streifen ein, die nicht bis ganz zum Hauptschnitt reichen. Jeden Streifen mit der Schneide einer Schere abziehen – dann entstehen „Löckchen".

5. Jetzt öffnest du die Maske und drückst das Herz nach innen. Auch die Falzkanten noch andrücken.

Eine Prinzessin trägt außer ihrer Krone auch Schmuckstücke. Bastle noch einen Armreif und einen Ring für sie.

Armreif

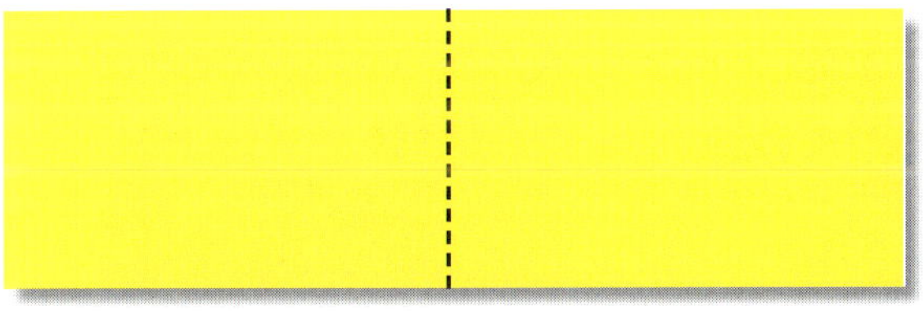

1. Schneide einen etwa 5 cm breiten Papierstreifen zu. Er sollte so lang sein, dass ihn die Prinzessin um den Arm legen kann; die Enden müssen sich aber nicht berühren. Den Streifen quer zur Hälfte falten …

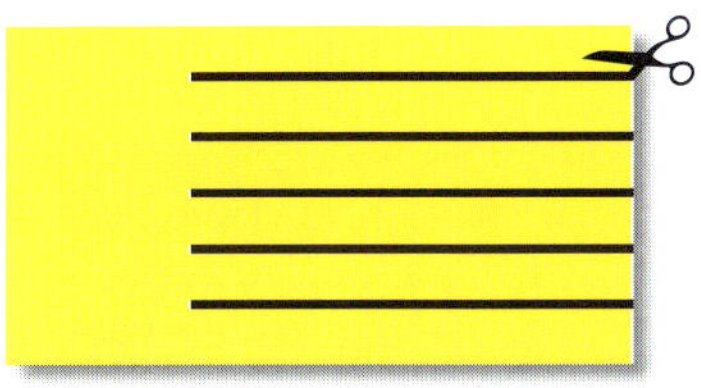

2. … und von der Falzkante aus einige Male senkrecht einschneiden, so dass Streifen entstehen.

3. Öffne das Papier und ziehe die Streifen immer abwechselnd nach vorn und nach hinten. Jetzt kann die Prinzessin den Arm durch den Reif stecken.

Ring

1. Wie den Armreif bastelst du aus einem kleinen Papierstreifen auch den Ring.

2. Den Streifen aber nicht zur Hälfte, sondern nur zu einem Drittel falten.

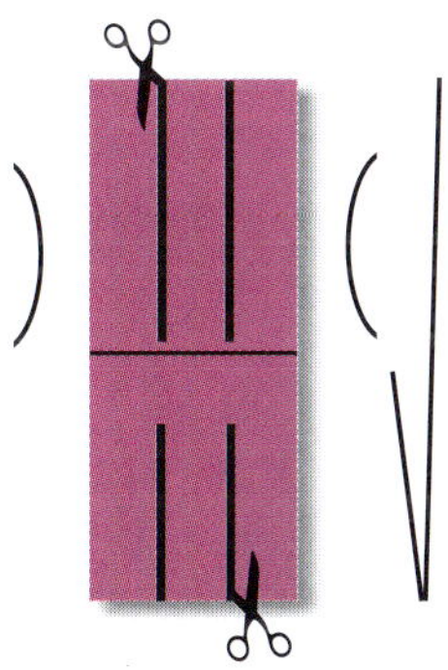

3. Von der Falzkante aus schneidest du Streifen, die unter dem Rand des kürzeren, gefalteten Teils enden. Von oben schneidest du bis an die Kante des gefalteten Papiers.

4. Die oberen Streifen werden mit Hilfe einer Schere gekräuselt. Ziehe den unteren Teil auseinander.

KÖNIG

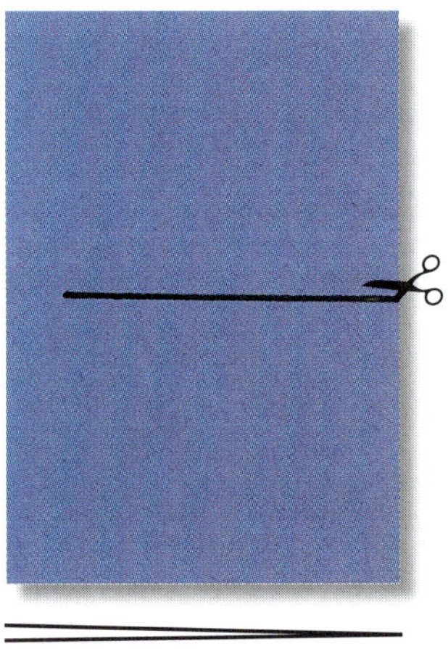

1. Falte einen Papierbogen in der Größe A4 zur Hälfte und setze den Hauptschnitt etwa in der Mitte der Falzkante.

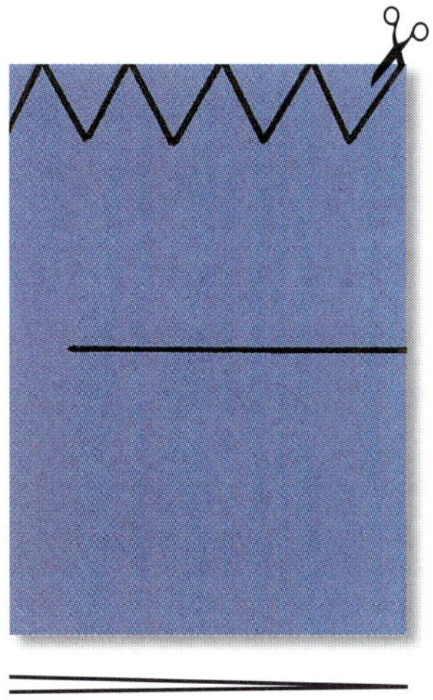

2. Für die Zacken der Königskrone schneidest du den gesamten oberen Rand im Zickzackschnitt ein.

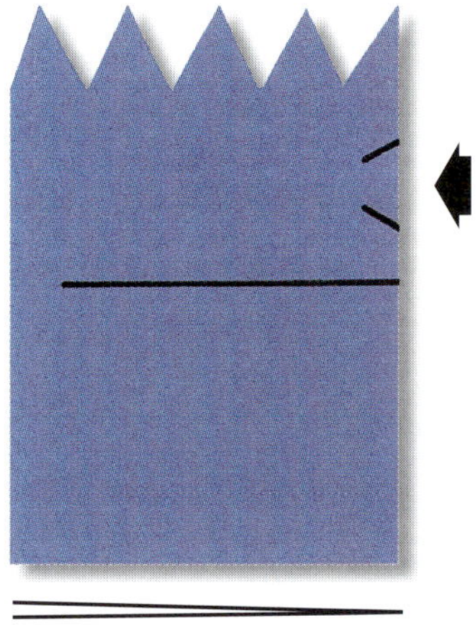

3. In der Königskrone sitzt über der Stirn ein Edelstein. Dazu schneidest du von der Falzkante aus zwei gleich große schräge Schnitte, die innen etwa 1 bis 2 cm voneinander entfernt sind. Öffne die Maske und drücke den Edelstein nach innen. Falzkanten andrücken.

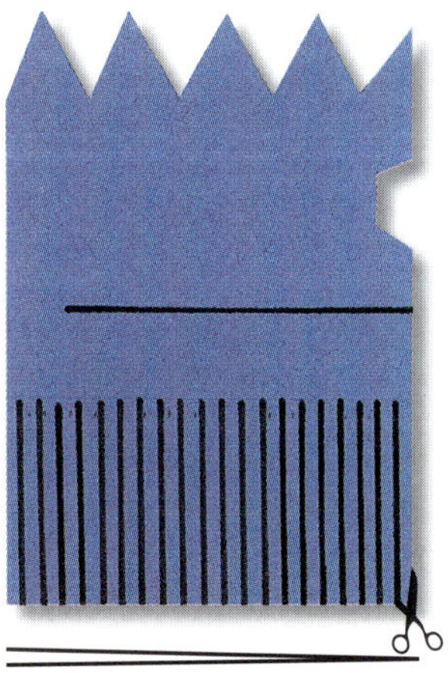

4. Zum Abschluss die Maske erneut zusammenfalten und im unteren Teil parallel zur Falzkante die Haarstreifen einschneiden.

5. Klappe die Maske auf, ziehe den unteren Teil nach hinten, den oberen nach vorn, und des Königs Edelstein-Krone ist fertig.

◆ KÖNIGIN

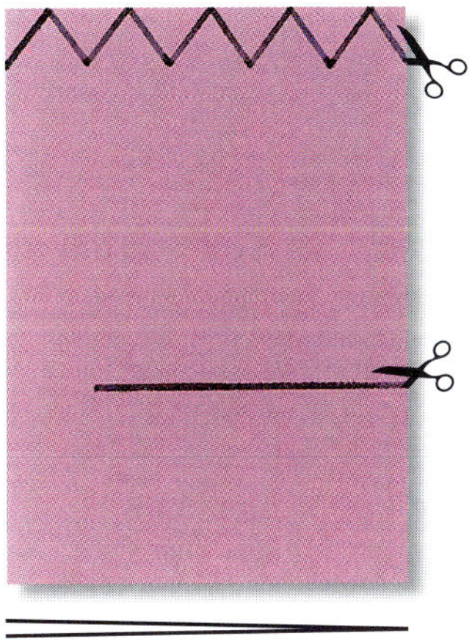

1. Den Hauptschnitt für den gefalteten A4-Bogen setzt du niedriger an als bei der Königsmaske. Am oberen Rand der Krone wieder die Zacken einschneiden, das Papier aufklappen …

2. … und im oberen Teil dreimal parallel zum Hauptschnitt als Ziehharmonika zusammenfalten.

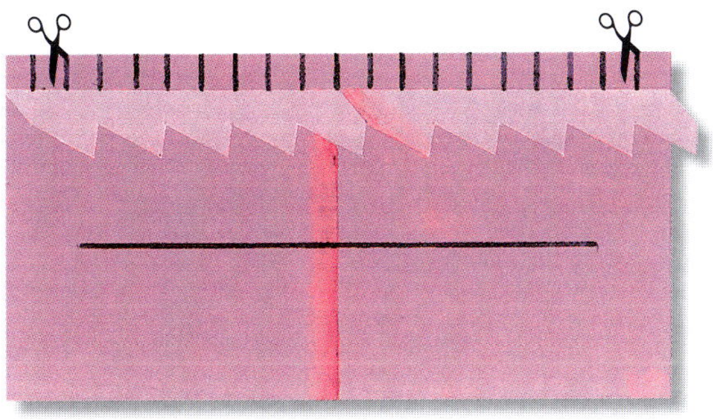

3. In die mittlere der drei Falzkanten schneidest du senkrecht und dicht nebeneinander hinein. Die Schnitte enden an der gegenüberliegenden Falzkante.

4. So entstehen einzelne Abschnitte, die du abwechselnd auf die eine und die andere Seite drückst. Diese kleinen Quader oder Würfel bilden eine Reihe von Edelsteinen über dem oberen Rand der gesamten Krone.

5. Ziehe den unteren Teil der Maske nach hinten. So kann die Königin den Thron besteigen.

◆ RITTER

Für die Maske des Ritters kannst du auch dickeres Papier verwenden oder farbigen Karton. Falls die Größe A4 nicht ausreicht, schneidest du ein größeres Format aus. Dazu legst du einen A4-Bogen auf eine größere Papierfläche und gibst zum Ausschneiden in der Länge wie auch in der Breite 3 cm hinzu.

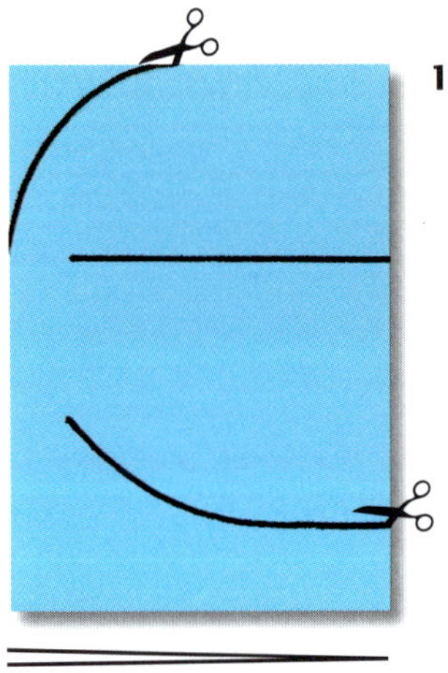

1. Die Ritter-Maske wird aus zwei Hauptschnitten gebastelt. Zuerst schneidest du im unteren Teil der Falzkante einen Bogen nach oben ein. Der zweite Schnitt, etwa bei einem Drittel von oben, wird senkrecht zur Falzkante gemacht. Beide Schnitte enden etwa 3 cm vor der gegenüberliegenden Kante. Die linke obere Ecke schneidest du rund ab. Das wird die Silhouette des Helms.

2. Über dem oberen Hauptschnitt bildest du jetzt noch zwei sehr kurze Schnitte. In diese schiebst du später …

3. … einen Streifen ein, der gerade so breit ist, dass er leicht eingezogen werden kann. Falte den Streifen längs zur Hälfte, schneide an einem Ende feine Streifen ein und kräusele diese mit der Schere. Das ist der Federbusch.

4. Den Streifen ziehst du so in die vorgesehenen Öffnungen ein, dass er über den unteren Rand des Helms hinausragt, den mittleren Teil ziehst du nach außen …

5. … und die Maske aufklappen. Der Helm wartet auf seinen ersten Einsatz.

◆ HOFDAME

1. Die Maske wird ähnlich wie die der Königin gebastelt; allerdings legst du den Hauptschnitt im unteren Drittel der Falzkante bogenförmig an.

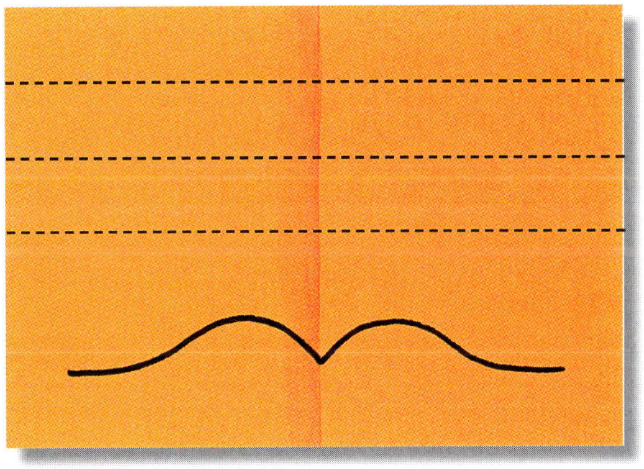

2. Im oberen Teil werden jetzt drei gleich breite Streifen als Ziehharmonika zusammengefaltet. Sie können breiter sein als bei der Krone der Königin.

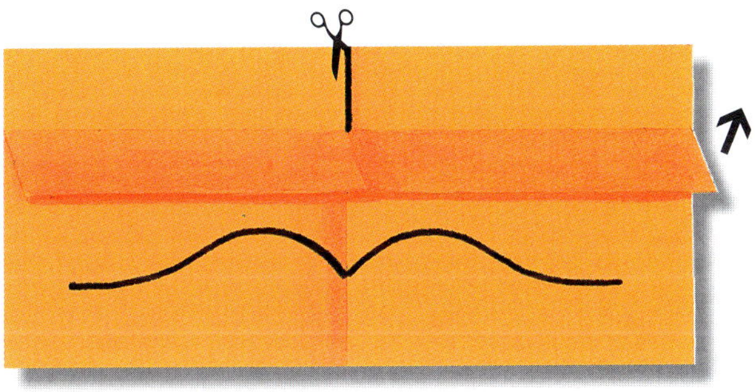

3. Nun faltest und legst du das Papier so, dass die mittlere Falzkante oben liegt. In der Mitte schneidest du den Streifen bis zur gegenüberliegenden Falzkante ein. Wenn du nun den ganzen gefalteten Teil nach oben ziehst …

4. … muss nur noch die untere Partie des Papiers nach hinten gelegt werden, und du kannst die Maske aufsetzen.

◆ HÖFLING

Die Kopfbedeckung für den Höfling wird genauso gearbeitet wie die Krone der Königin (siehe Seite 45) – mit dem Unterschied, dass das A4-Blatt gebogen wird. Dazu fasst du es an den kürzeren Seiten und ziehst es über eine Tischkante.

1. Schneide den Hauptschnitt an der Falzkante ein.

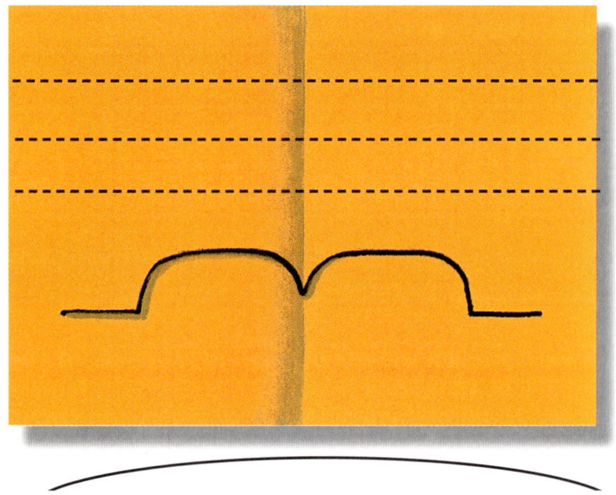

2. Nun klappst du den Papierbogen auf und legst im oberen Teil drei Falten in Ziehharmonikaform übereinander.

ANSICHT VON HINTEN

3. In die mittlere Kante setzt du dicht nebeneinander eine Reihe von kurzen Schnitten bis zur nächsten Falzkante.

4. Ziehe den gefalteten Teil nach oben, die untere Partie nach hinten. Jetzt kann der Höfling sein Amt antreten.

◆ KÖNIGLICHE WACHE

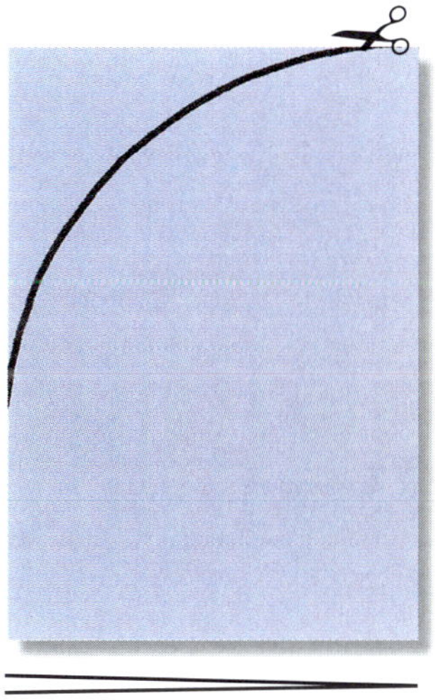

1. Beginne den bogenförmigen Schnitt am rechten oberen Rand und beende ihn unterhalb der Mitte an der linken Kante.

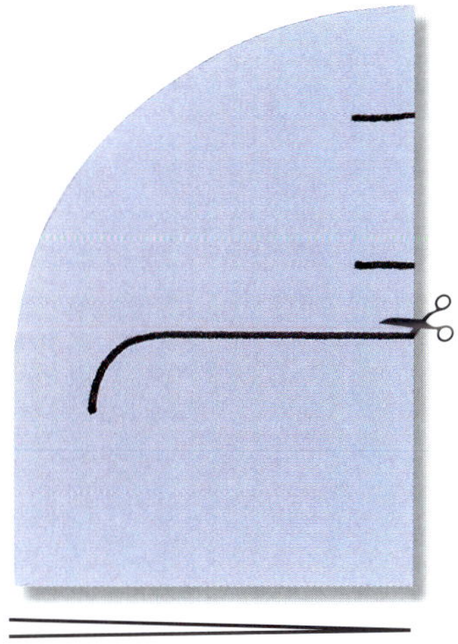

2. Den Hauptschnitt machst du senkrecht und gerade zur Falzkante, erst am Ende drehst du das Papier und schneidest bogenförmig nach unten. Im oberen Teil zwei gleich lange kleine Schnitte machen, in die wie bei dem Ritterhelm (siehe Seite 46) …

3. … ein längs zusammengefalteter, andersfarbiger Papierstreifen gesteckt wird. Oben schneidest du ihn schräg ab, damit eine Spitze entsteht. Der Streifen sollte länger sein als der obere Teil der Maske …

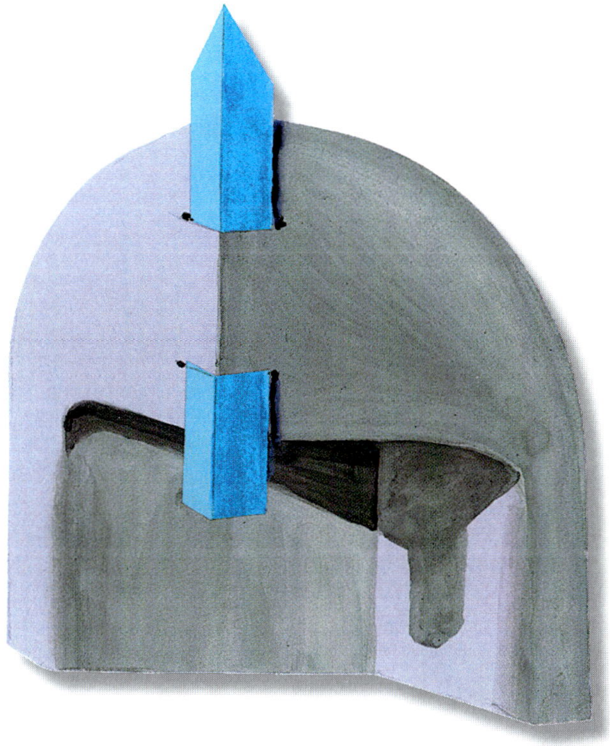

4. … damit die Nase geschützt wird. Wie man die Maske aufsetzt, weißt du inzwischen ja schon ganz genau.

NARR

1. Ein Narr hat normalerweise eine dreieckige Kappe mit Glöckchen. Damit die drei Ecken entstehen, musst du in den oberen Teil des A4-Bogens eineinhalb Spitzen schneiden. Schneide in die obere Ecke der Falzkante einen kleinen Halbkreis und setze ihn mit einem Halbbogen fort, der etwa bei einem Drittel des Papiers endet. Neben der halben Spitze schneidest du jetzt noch eine ganze mit einem ganzen Kreis aus.

2. Im unteren Teil bildest du den geraden Hauptschnitt.

3. Bei der fertigen Narrenkappe wird eine Ecke nach vorn geklappt.

JÄGER

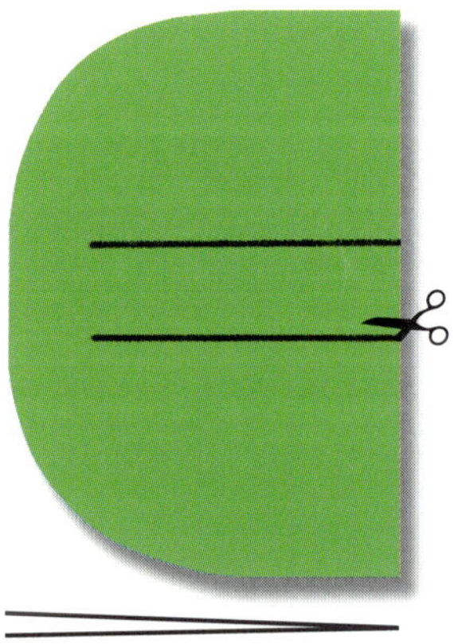

1. Den Papierbogen in der Größe A4 zur Hälfte zusammenlegen. Die linken Ecken schneidest du bogenförmig ab.

2. Auf der Falzkante die Mitte messen. 2 cm darüber und darunter liegen die waagerechten Hauptschnitte bis 4 cm vor der gegenüberliegenden Kante.

3. Die Kappe so aufsetzen, dass der Streifen in der Mitte von der Stirn zum Nacken führt. Die breiteren Teile der Mütze verdecken auf beiden Seiten die Ohren.

KOCH

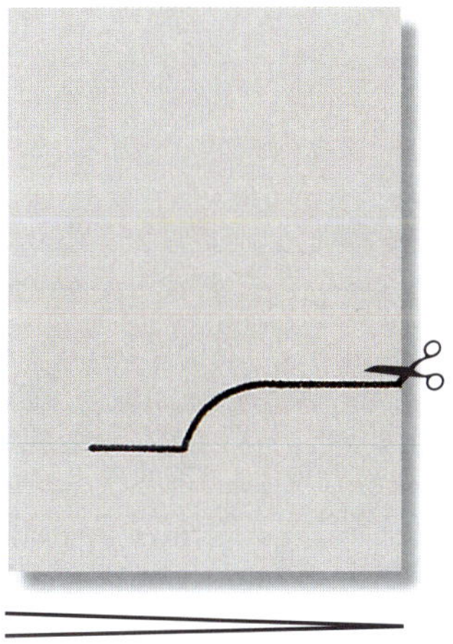

1. Das Papier im Format A4 wird vor dem Falten gebogen; dazu fasst du es an den kürzeren Seiten und ziehst es über eine Tischkante. Anschließend falten und im unteren Teil den Hauptschnitt bilden, zuerst senkrecht zur Falzkante, dann im Bogen nach unten und schließlich wieder gerade bis etwa 3 cm vor der linken Kante.

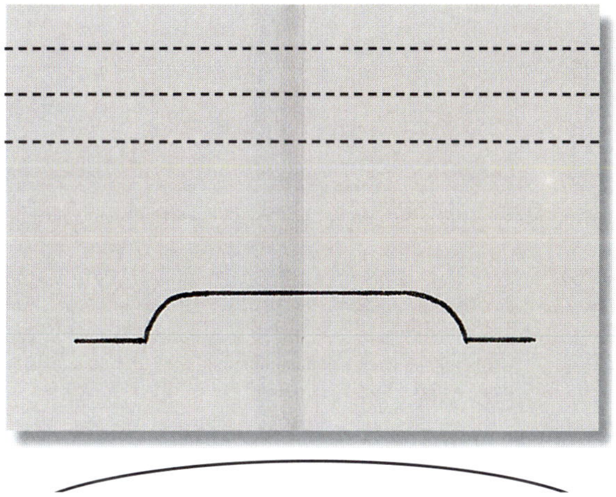

2. Das Papier aufklappen und parallel zum oberen Rand drei gleich breite Ziehharmonikafalten übereinander legen.

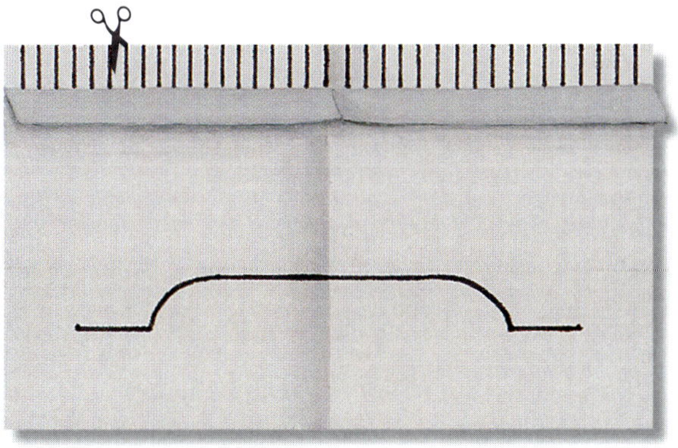

3. In die mittlere Falzkante machst du viele nebeneinander liegende senkrechte Schnitte, die bis zur nächsten Falzkante reichen – ähnlich wie bei der Krone der Königin und der Kopfbedeckung des Höflings (siehe Seite 45 und 48).

4. Der Unterschied bei der Kochmütze ist der, dass der Rand über den Schnitten nicht stehen bleibt, sondern nach hinten geklappt wird.

GESPENSTER UND ANDERE WESEN

Auch das Königreich aus Papier wird von verschiedensten Gespenstern und sagenhaften Wesen bevölkert.

◆ MAGIER

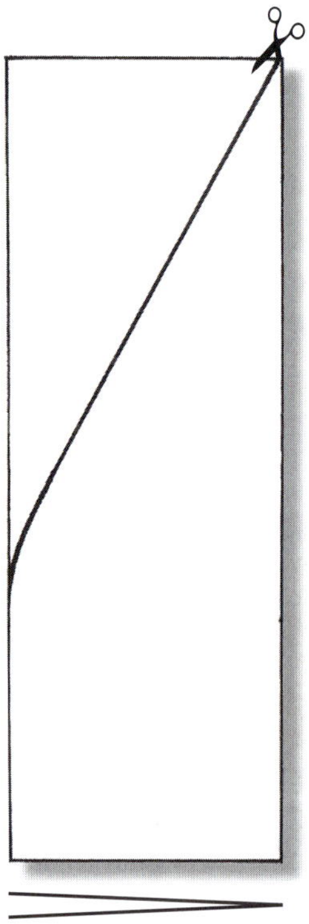

1. Damit die kegelförmige Maske hoch genug wird, verwendest du in diesem Fall besser einen Papierbogen im Format A3. Falte das Papier längs auf die Hälfte und schneide es von der Falzkante aus nach unten schräg bis etwa auf zwei Drittel zu.

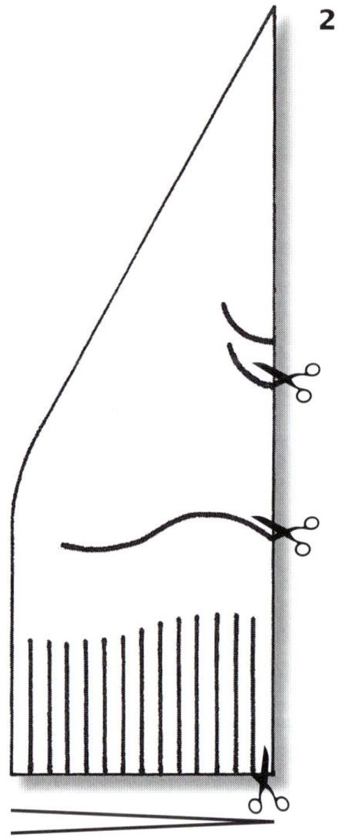

2. Anhand der Zeichnung bildest du jetzt den Hauptschnitt und zwei kleine bogenförmige Schnitte von der Falzkante aus. Aus diesen entsteht nach dem Durchdrücken ein Halbmond. An der unteren Kante die Haare einschneiden.

3. Die Maske aufklappen, und das Zaubern kann beginnen.

DRACHE

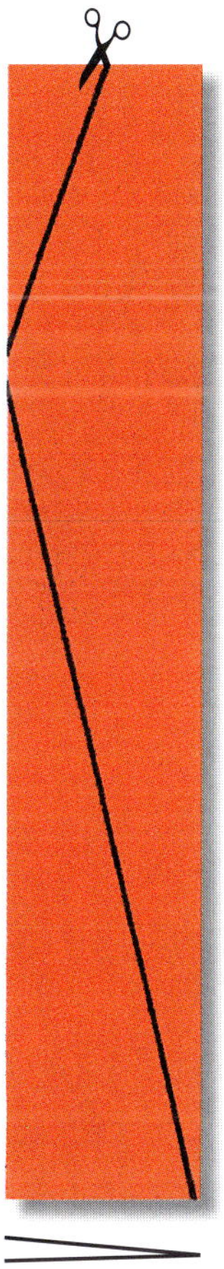

1. Für die Maske des Drachen benötigst du farbigen Karton oder Pappe im Format A2, also einen Bogen, der etwa 43 x 61 cm groß ist. Schneide den Karton längs in zwei Teile. Ein Teil wird der Länge nach zur Hälfte gefaltet. Um Kopf und Schwanz auszubilden, schneidest du die beiden linken Ecken, wie in der Zeichnung gezeigt, schräg ab.

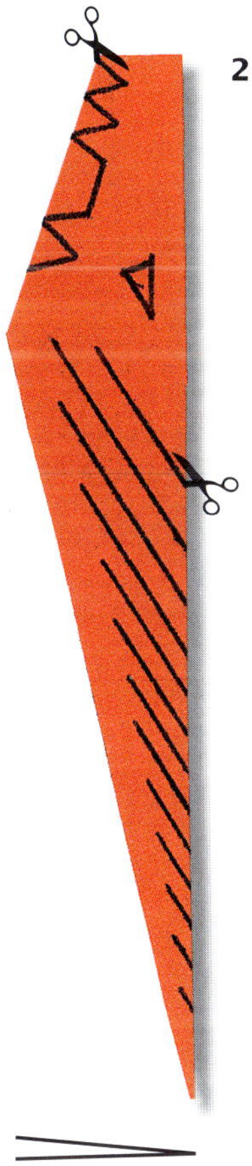

2. Bis zu einem Viertel der linken Kante zeichnest du jetzt wie abgebildet die Zähne des Drachen an. Von diesem Viertel bis zur rechten unteren Ecke reicht der Schwanz. Jetzt zeichnest du mit Hilfe der Abbildung noch das Auge und die „Rippen“ am Schwanz an.

3. Zähne und Augen ausschneiden und die Linien am Schwanz von der Falzkante aus einschneiden. Aber Vorsicht: Die schrägen Schnitte werden am Schwanzende immer kürzer!

4. Die Maske aufklappen und am Kopfende nach unten biegen. Dank der verspreizten „Rippen“ kannst du sie problemlos aufsetzen.

WASSERMANN

1. Diese Maske ist einfach mit den bogenförmig angeschnittenen Ecken, oben der Hut …

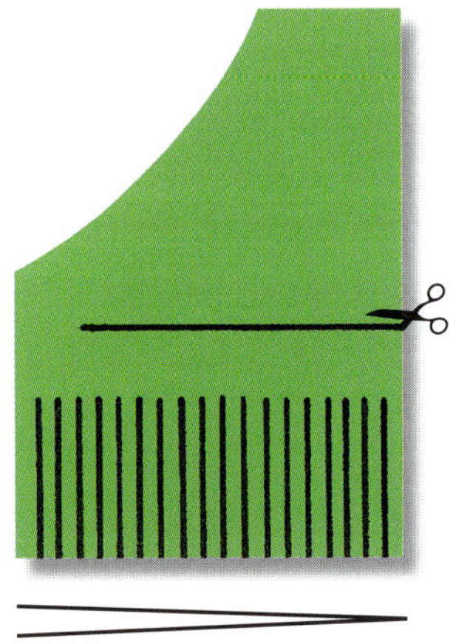

2. … unten die langen Haare. Den senkrechten Hauptschnitt an der Falzkante setzt du unterhalb der Mitte.

3. Am unteren Rand schneidest du zum Schluss die Haare ein, und schon kannst du die Maske aufsetzen.

GEVATTER TOD

1. Einen Papierbogen der Größe A4 zur Hälfte falten. Zeichne dann anhand der Abbildung die halbe Schädelform mit Augen und Nase an und schneide sie aus.

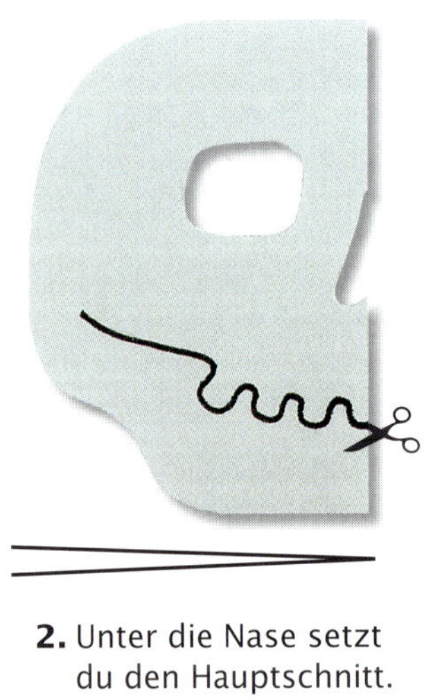

2. Unter die Nase setzt du den Hauptschnitt. Zuerst hat dieser die Form einer deutlichen Wellenlinie. Beendet wird der Schnitt mit einem leicht nach oben weisenden Bogen.

3. Zum Aufsetzen der Maske ziehst du den unteren Teil nach hinten. Die ausgeschnittenen Augen sind nicht zum Durchschauen gedacht, denn der obere Teil des Schädels liegt auf deiner Stirn.

MEERESUNGEHEUER

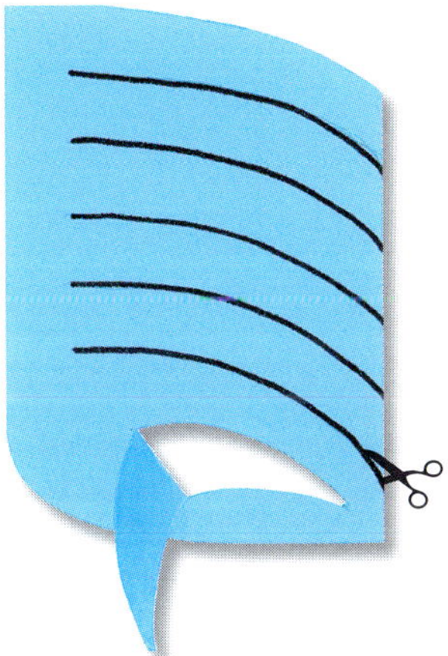

1. Falte das Papier im Format A4 zur Hälfte und schneide die linke untere Ecke bogenförmig ab. Mit einer spitzigen Schere stichst du jetzt in das Papier ein und schneidest zwei Bogen für die Spitzzähne.

2. Über den Spitzzähnen werden alle 2,5 cm sechs bogenförmige Schnitte gemacht, die ca. 4 cm vor dem gegenüberliegenden Rand enden. Beim sechsten Schnitt, schneidest du bis ganz zur linken Kante durch.

3. Das Papier aufklappen und oben und unten halbrund biegen. Die Öffnungen der Spitzzähne schiebst du dir wie eine Larve über die Augen.

TEUFEL

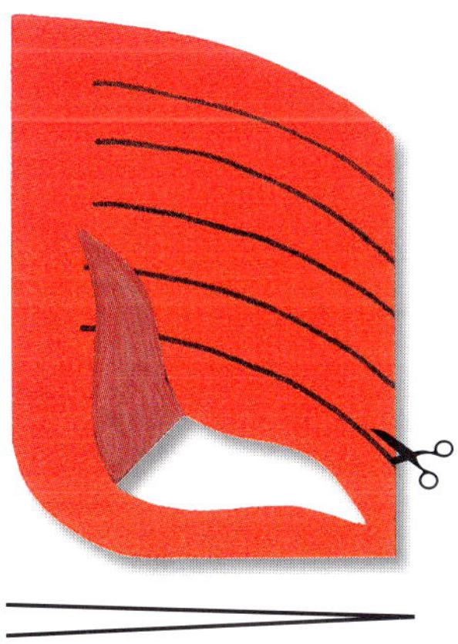

1. Falte einen A4-Bogen auf die Hälfte und schneide die linke untere Ecke bogenförmig ab. Dann setzt du mit einer spitzen Schere zwei Schnitte in Wellenform für die Hörner.

2. Über den Hörnern bildest du wie in der Abbildung etwa alle 2,5 cm sechs Schnitte, die von unten nach oben einen leichten Bogen machen.

3. Öffne das Papier und ziehe die Streifen oben und unten auseinander. Die Maske halbrund biegen. Die Öffnungen der Hörner schiebst du dir wie eine Larve über die Augen.

Es schien mir, dass so viele Masken schon aus uralten Zeiten stammten. Deshalb sah ich mich weit in der Vergangenheit um und bastelte vor den verwunderten Blicken meiner märchenhaften Freunde noch einige Masken, die an das alte Ägypten erinnern.

◆ PHARAO

1. Für diese Maske brauchst du dickeres Papier oder Karton im der Größe A4. Im oberen Teil wird das Papier gebogen (zur Technik siehe Seite 9). Senkrecht zur Falzkante machst du von der Mitte aus nach oben eine Reihe gerader Schnitte, die etwa 1,5 cm voneinander entfernt sind. Alle Schnitte enden 2 bis 3 cm vor dem linken Rand. In den unteren Teil setzt du bogenförmig, dann gerade, den Hauptschnitt. Jetzt kannst du die Maske schon aufklappen.

2. Weil das Papier vorher gebogen wurde, bilden die schmalen Seitenstreifen, durch die die eingeschnittenen Streifen über der Stirn verbunden sind, eine Rundung. Wenn nicht, ziehst du die Maske mit den Fingern noch etwas in Form. Damit die Form so erhalten bleibt, muss die Maske aus dickerem Papier angefertigt werden.

Die ägyptische Sphinx ist eine riesige liegende Figur aus Stein mit einem menschlichen Gesicht und einem Löwenkörper.

PYRAMIDE

Zu den Pharaonen gehören einfach die Pyramiden, riesige Bauten aus Steinquadern mit dreieckiger Grundform. Wenn es also eine Pharao-Maske gibt, sollte ein Freund oder eine Freundin die Pyramide darstellen.

1. Einen Papierbogen der Größe A3 zur Hälfte falten und wie in der Abbildung gezeigt zum Dreieck schneiden.

2. Den Hauptschnitt machst du parallel zum unteren Rand. Zuerst lieber etwas kürzer schneiden und – falls nötig – so weit verlängern, dass die Maske gut sitzt.

SPHINX

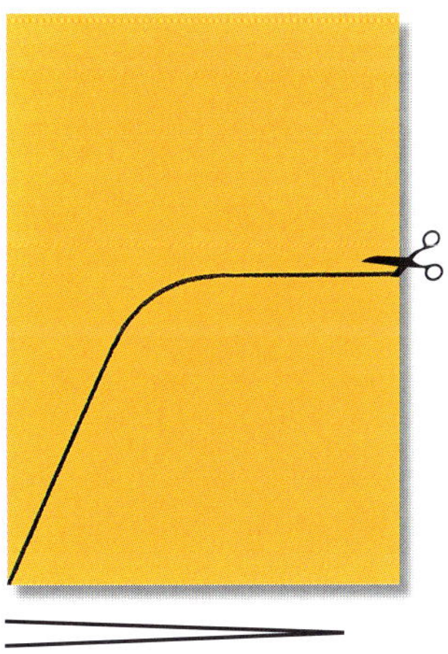

2. Den geraden Hauptschnitt setzt du etwa 6 cm unter den oberen Rand.

3. Wenn du nach dem Aufklappen den unteren Teil nach hinten drückst, kannst du die Maske aufsetzen.

1. Falte einen Bogen im Format A3 zur Hälfte und schneide ihn wie in der Abbildung gezeigt zu.

Während ich so fantasierte und den Bewohnern des Königreichs aus Papier zeigte, wie man Masken herstellt, erinnerte ich mich an die Erzählungen von interplanetaren Abenteuern, Besuchern aus dem Weltall – und gleich habe ich beschlossen, dass bei einem Maskenball die Außerirdischen nicht fehlen dürfen. Ich habe also sofort den dortigen Bewohnern einige dieser Wesen vorgestellt und zeige sie jetzt auch euch.

◆ AUSSERIRDISCHER

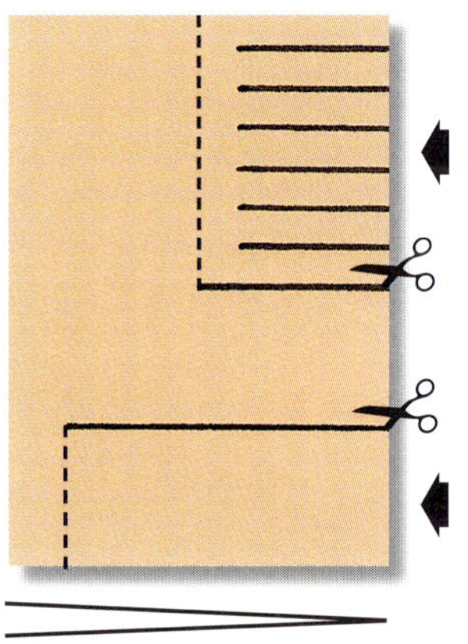

1. Falte einen Bogen im Format A4 auf die Hälfte. Den Hauptschnitt setzt du etwa 5 cm vom unteren Rand senkrecht zur Falzkante. Von der Mitte der Falzkante aus machst du einen einen zweiten Schnitt bis zur Hälfte des Papiers.

2. Den oberen Teil über diesem Schnitt drückst du nach innen durch und ziehst das Papier von der anderen Seite bis zum Ende des Schnitts. Die beiden neu entstandenen Falzkanten so andrücken, dass sie parallel zur Hauptfalzkante verlaufen. Jetzt klappst du den oberen Teil wieder heraus und schneidest von der Hauptfalzkante aus gleich lange Streifen (siehe Abbildung 1). Die Schnitte enden 2 bis 3 cm vor der neuen Falzkante.

ANSICHT VON HINTEN

3. Nun drückst du den gesamten oberen Teil wieder nach innen …

4. … und ziehst die Streifen abwechselnd nach vorn und nach hinten. Dann ziehst du den Teil unter dem Hauptschnitt nach hinten. Fertig.

◆ MARSMÄNNCHEN

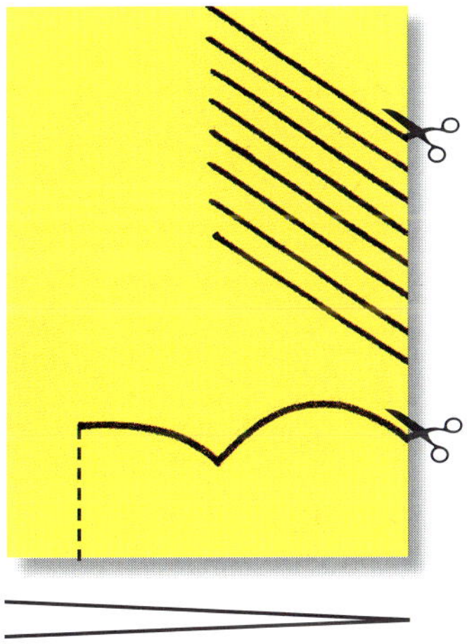

1. Falte einen A4-Bogen auf die Hälfte und biege die oberen Ecken nach außen (zur Technik siehe Seite 9). Der Hauptschnitt hat die Form eines Halbbogens und eines leicht gewölbten Bogens. Nun schneidest du anhand der Abbildung von der Falzkante aus sieben schräge Streifen …

2. … und trennst mit dem letzten, d.h. dem achten Schnitt das Papier ab. Dadurch entsteht eine Lücke in V-Form. Den unteren Teil nach innen durchdrücken und nach hinten ziehen.

3. Öffne die Maske und biege den ersten V-förmigen Streifen an beiden Enden nach oben. Genauso machst du es mit dem dritten, fünften und schließlich mit dem siebten Streifen.

4. Oberhalb der Stirn entsteht so ein interessantes Gitter- und Rautenmuster.

UFO 1

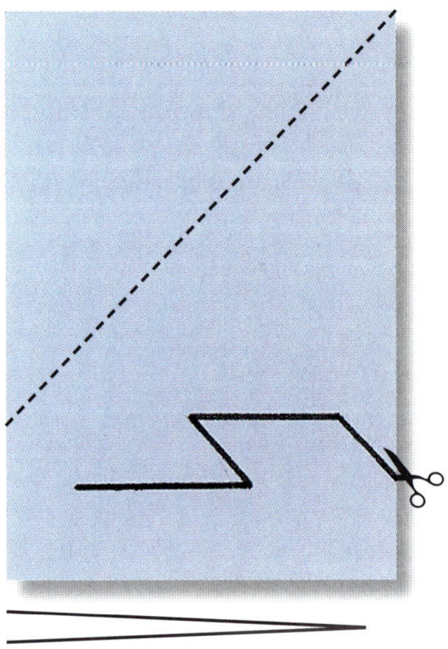

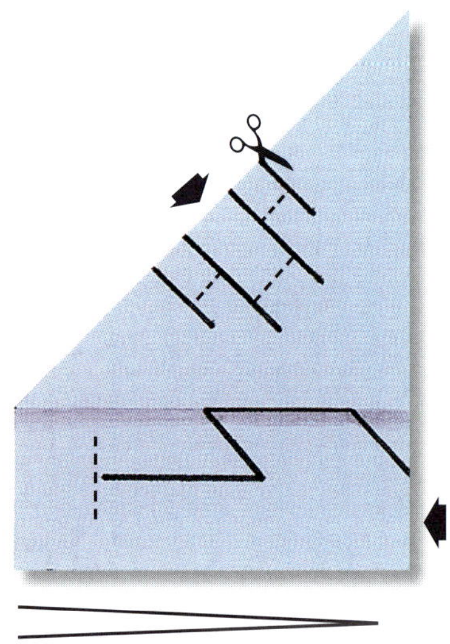

1. Klappe eine der Hälften des gefalteten A4-Papiers entlang der gestrichelten Linie nach vorn, die andere nach hinten um. Den Hauptschnitt von der Falzkante aus beginnst du mit einem kurzen schrägen Schnitt, der unter dem umgeklappten Dreieck endet. Dann waagerecht weiterschneiden, schräg nach unten (und zwar parallel zur ersten Linie) und wieder waagerecht. Der Schnitt endet etwa 3 cm vom Rand entfernt.

2. In den oberen Teil der Maske schneidest du senkrecht zu den schrägen Falzkanten viermal ein. Die mittleren Schnitte sind länger, die zwei an den Seiten kürzer.

3. Jetzt ziehst du die an den Dreiecken eingeschnittenen Streifen und auch den unteren Teil des Papiers nach innen. Andrücken.

4. Klappe die Maske auf. Die dreieckigen oberen Teile wie in der Abbildung gezeigt halb geöffnet lassen. Nun kann das Ufo auf deinem Kopf landen.

UFO 2

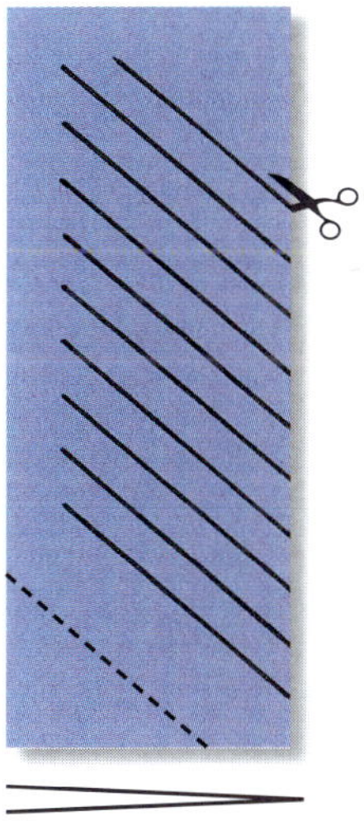

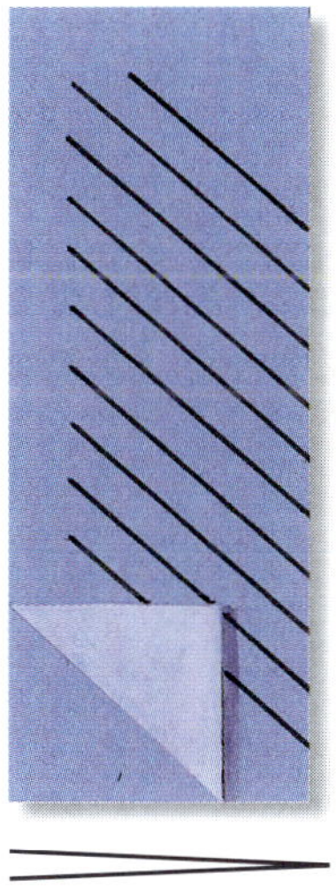

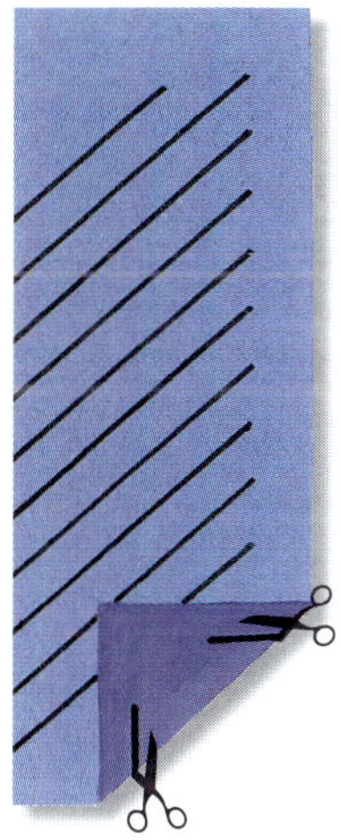

1. In die Falzkante eines längs gefalteten A4-Bogens setzt du in Abständen von 2 cm zehn schräge Schnitte. Der zweite Schnitt von oben läuft genau auf die linke obere Ecke zu; so weißt du, wie schräg geschnitten werden muss. Alle Schnitte enden etwa 4 cm vor dem linken Rand – außer dem obersten.

2. Parallel zum untersten Schnitt und mit etwa 3 cm Abstand werden die unteren Ecken gefaltet. Das vordere Dreieck nach vorn, das hintere nach hinten klappen.

3. In die schräge Falzkante der Dreiecke schneidest du etwa 2 cm tief ein, und zwar parallel zum Rand.

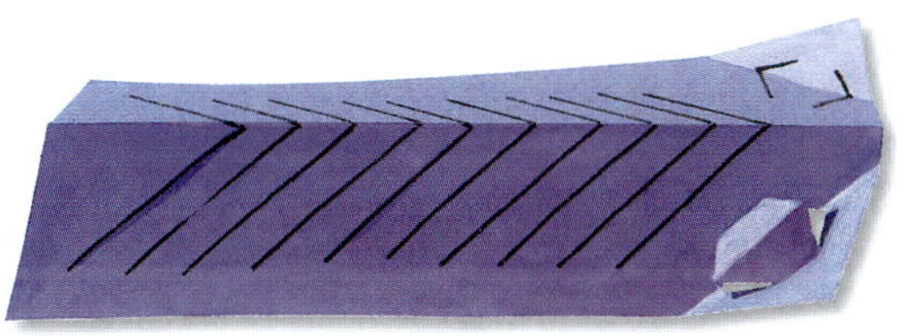

4. Jetzt klappst du das Papier auf und drückst die Teile zwischen den Einschnitten nach außen. Die Falzkanten werden angedrückt.

5. Zum Aufsetzen ziehst du die Maske zu einem Bogen. Mit den Fingern in Form biegen.

***D**as waren alle Masken, die ich für die Bewohner des Königreichs aus Papier gemacht habe und die auch du jetzt herstellen kannst. Eigentlich hätte ich noch viel mehr Masken basteln wollen, doch ich musste plötzlich ein sehr ernstes Problem lösen. Während des Maskenballs knisterten nämlich auf einmal die Flügel des Drachen Papierfresser über der Burg, und so musste ich mir etwas ausdenken, damit er nach meiner Rückkehr nicht wieder die Prinzessin Schreibheft und das gesamte Königreich in Angst und Schrecken versetzen würde. Ich habe daher König Heft geraten, Papiernetze an die Wolken zu hängen, in denen sich der Drache Papierfresser verfangen sollte.*

◆ NETZ

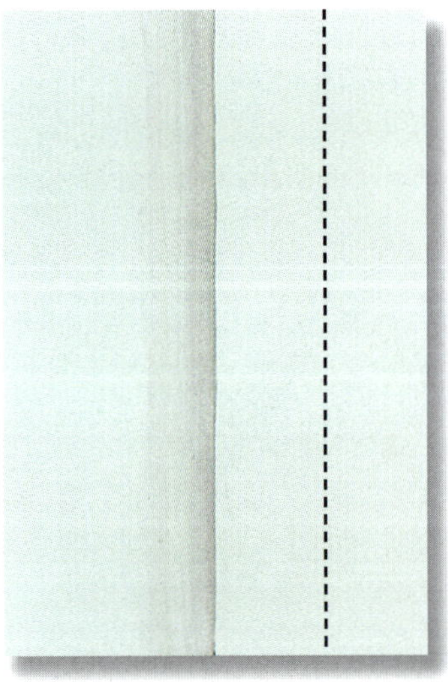

1. Teile ein A4-Blatt in vier gleich große Teile.

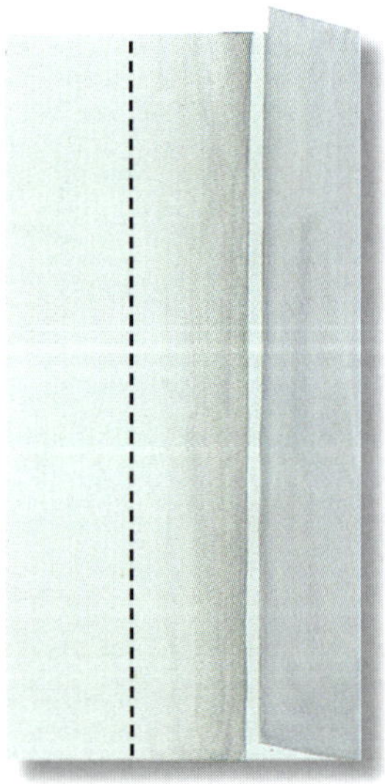

2. Dazu faltest du es längs zur Hälfte und klappst die Hälften wieder zur Hälfte nach vorn um.

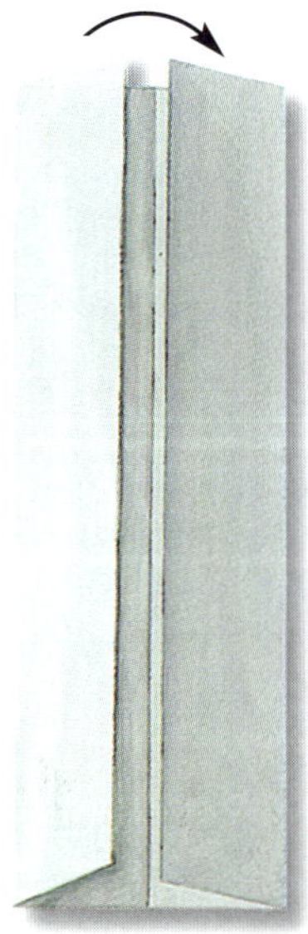

3. Die Hälften klappst du an der mittleren Falzkante zusammen …

4. … so dass ein schmaler Streifen entsteht, in den du dann …

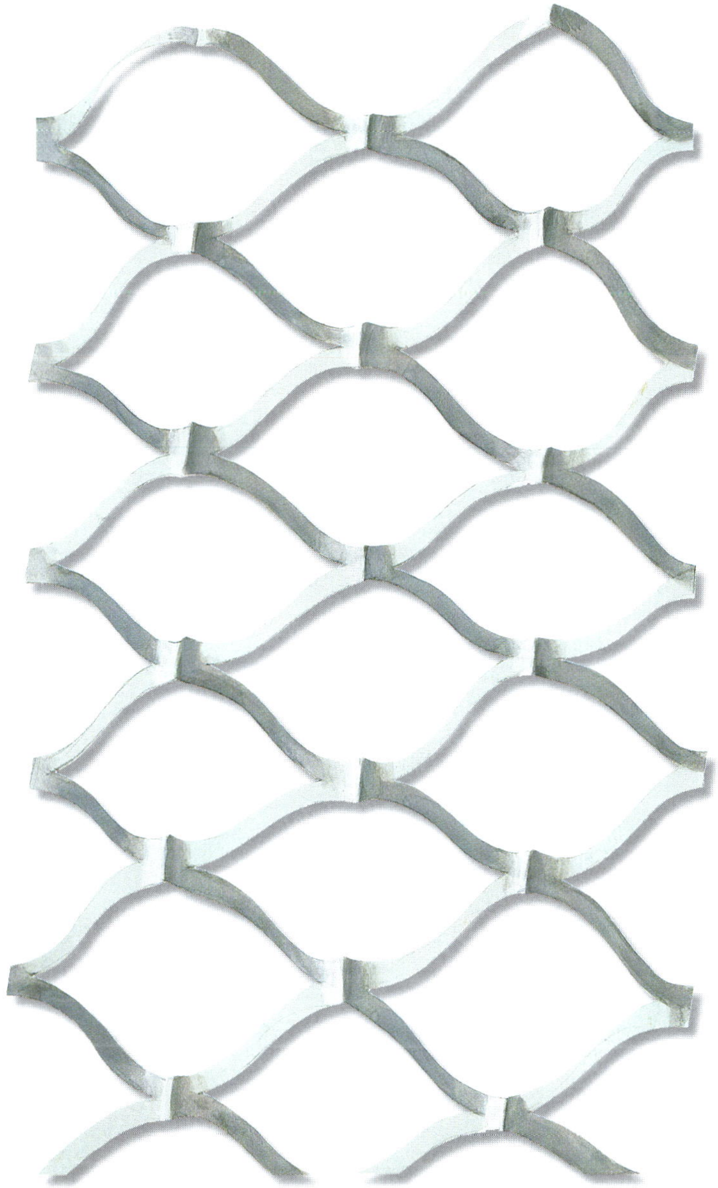

5. ... über die gesamte Länge gerade Schnitte machst. Dabei schneidest du immer abwechselnd von der einen und dann von der anderen Seite ein. Alle Schnitte enden etwa 1 cm vor der gegenüberliegenden Kante. Zum Schneiden musst du nicht das Papier ständig im Kreis drehen; einfacher ist es, wenn du das Handgelenk drehst.

6. Für den letzten Schritt brauchst du etwas Geduld. Du musst nämlich jetzt das eingeschnittene Papier aufklappen und wie in der Abbildung gezeigt Stück für Stück auseinander ziehen. Wenn das gelungen ist, ziehst du das Netz vorsichtig wieder gerade und streichst es glatt, damit die Knicke verschwinden. Jetzt kannst du das Netz an den Ecken fassen und an geeigneter Stelle anbringen.
Je kleiner die Abstände zwischen den Schnitten sind, desto feiner und länger wird das Netz; allerdings ist dann auch das Auseinanderfalten schwieriger.

Für den Fall, dass der Drache Papierfresser versuchen sollte, am Boden entlangzukriechen, habe ich vorgeschlagen, dass man vor das Burgtor ein glockenförmiges Netz hängt.

◆ GLOCKENFÖRMIGES NETZ

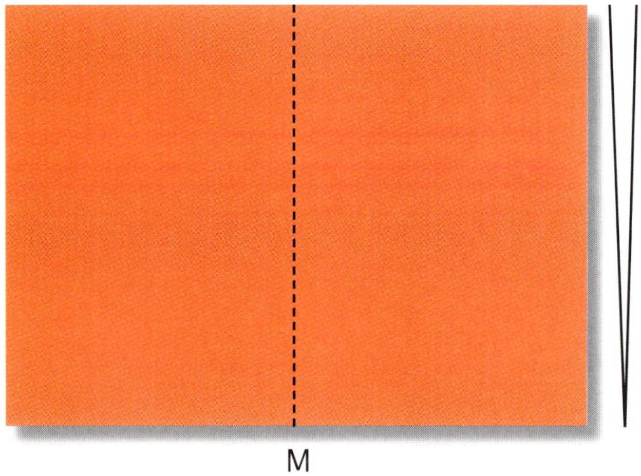

1. Falte ein A4-Blatt zur Hälfte und lege es dann noch einmal zusammen.

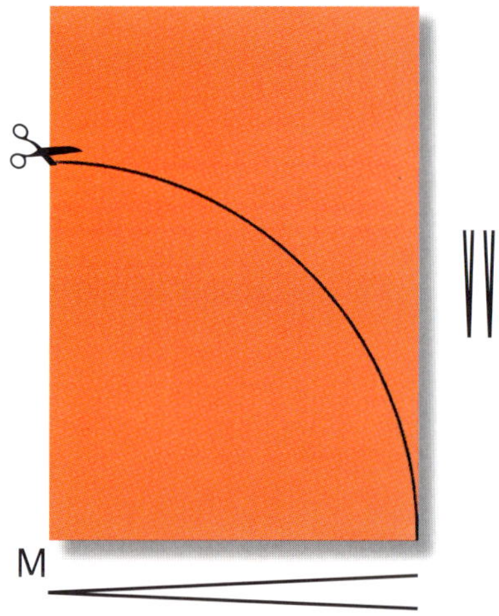

2. Der Mittelpunkt M des nun auf ein Viertel gefalteten Papiers ist jetzt die linke untere Ecke. Fasse das Papier an diesem Punkt M und versuche, darum herum einen Viertelkreis zu schneiden.

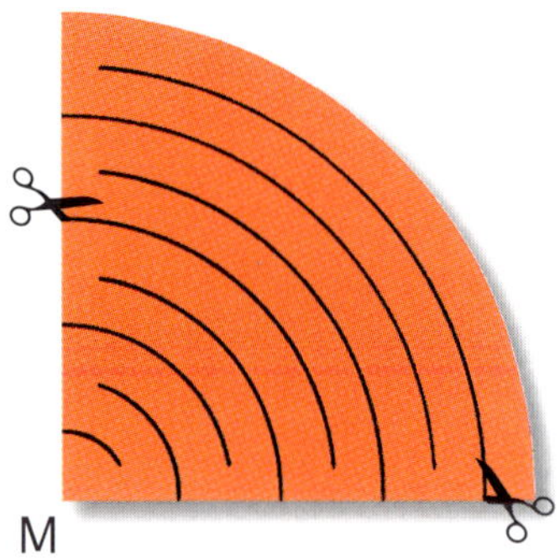

3. Abwechselnd vom linken und vom unteren Rand und immer im Abstand von 1 cm machst du nun weitere bogenförmige Schnitte. Sie enden immer etwa 1 cm vor der gegenüberliegenden Kante.

4. Das Papier aufklappen und mit der Hand oder einem Buch flach drücken, damit die Knicke verschwinden.

5. Durch die kleinen Schnitte, die der Mitte am nächsten sind, ziehst du einen Faden. Dann hebst du den Kreis ruckartig an und ziehst die Streifen auseinander. Es entsteht ein Netz in Form einer Glocke.

◆ FEINES GLOCKENFÖRMIGES NETZ

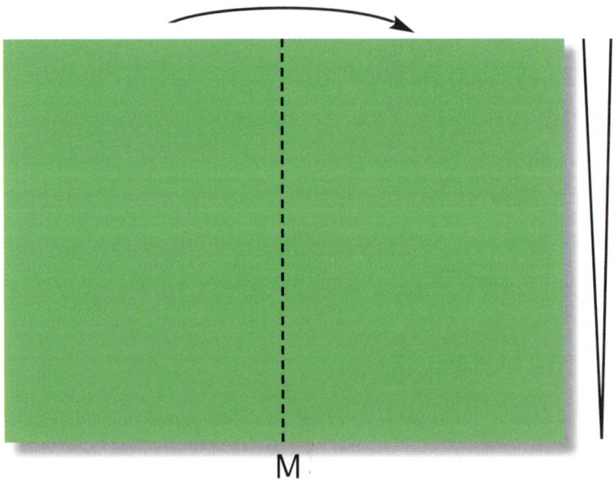

1. Dieses Netz entsteht fast genauso wie das vorige (siehe Seite 66/67) …

2. … doch faltest du das auf ein Viertel gelegte dünne Papier noch einmal von der Mitte M aus zusammen – und zwar so …

3. … dass der rechte untere Rand auf dem linken liegt. Jetzt schneidest du wie in der Abbildung gezeigt um die Mitte M einen Achtelkreis.

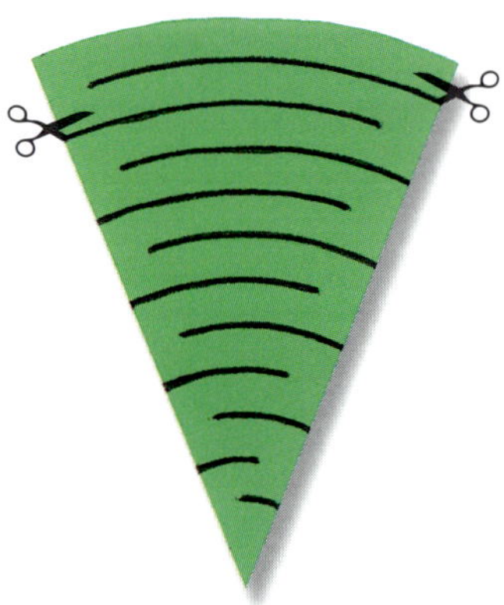

4. In das so gefaltete Papier machst du wie beim vorigen Netz einmal von der einen, dann von der anderen Kante aus Schnitte, die eng beieinander liegen.

5. Öffne das Papier …

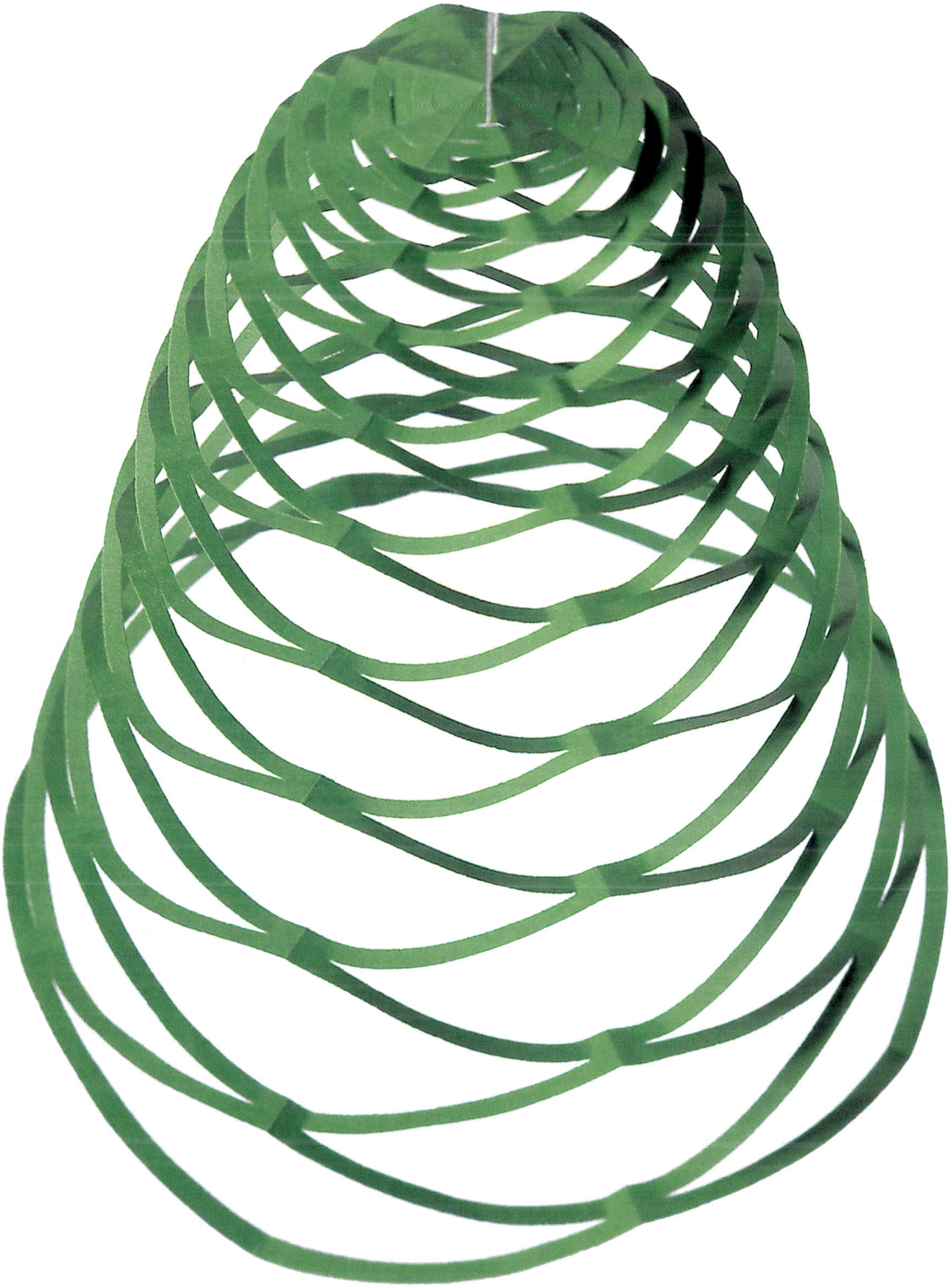

6. ... und ziehe es vorsichtig auseinander. Darin wird sich der Drache Papierfresser bestimmt verfangen.

Nachdem wir die Netze an die Wolken und vor das Burgtor gehängt hatten, konnten die Bewohner des Königreichs aus Papier endlich ruhig schlafen und Prinzessin Schreibheft widmete sich von früh bis abends dem Spielen. Womit sie spielt? Mit Spielzeug aus Papier natürlich. Es ist Spielzeug wie jedes andere. Es kann den Mund öffnen, zwinkern, mit den Flügeln schlagen oder picken. Der Unterschied besteht nur darin, dass man es selbst basteln kann.

◆ KÜKEN

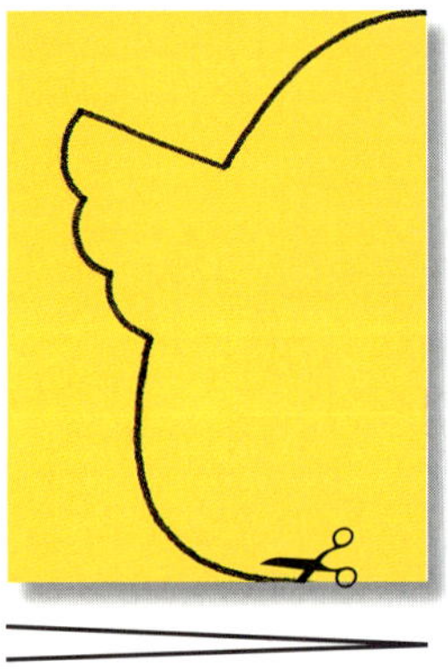

1. Weil das Küken gerade erst aus dem Ei geschlüpft ist, sieht es auch aus wie ein Ei – nur dass es an den Seiten Flügel hat. In einen gefalteten Papierbogen der Größe A5 schneidest du also von der Falzkante aus ein halbes Ei mit Flügeln.

2. Im oberen Teil, auf Höhe des Flügelansatzes, machst du einen kurzen waagerechten Schnitt in die Falzkante. Vom Ende des Schnitts aus rillst du das Papier auf beiden Seiten schräg nach oben. Darüber mit einer spitzigen Nagelschere das Auge ausschneiden.

3. Das Küken aufklappen und von der Rückseite her den gerillten Teil schräg nach oben klappen.

4. Dasselbe machst du nun auch an der Unterseite.

5. Wenn du das Küken mit den Händen an den Flügeln fasst und diese bewegst, beginnt das Küken zu „piepsen". Dazu musst du nur die Handgelenke so drehen, dass sich die Kanten leicht öffnen und schließen.

SCHAUSPIELER

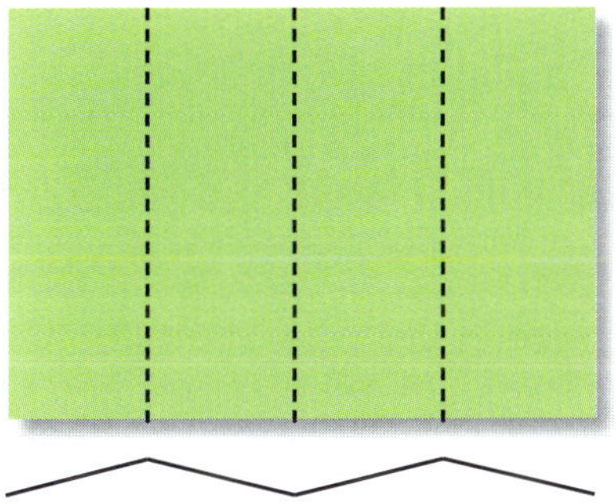

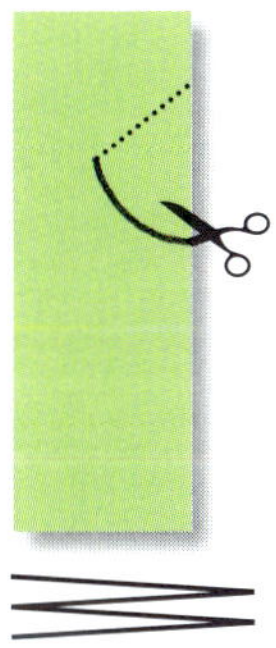

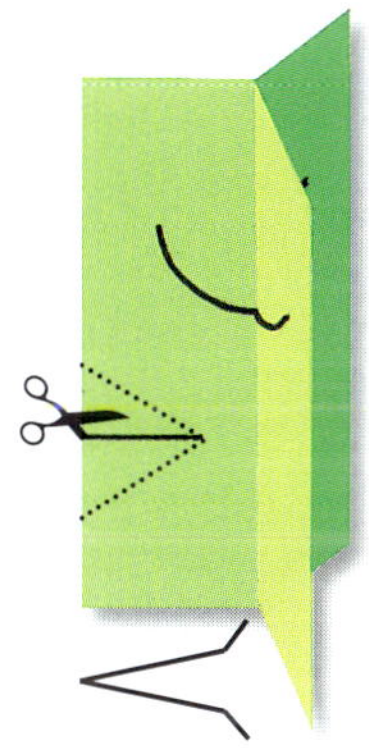

1. Falte einen A5-Bogen quer zur Hälfte und lege ihn dann noch einmal wie eine Ziehharmonika auf die Hälfte zusammen. Das so gefaltete Papier hat auf der einen Seite zwei, auf der anderen nur eine Falzkante.

2. Die beiden Falzkanten der einen Seite legst du übereinander und machst in die obere Hälfte einen bogenförmigen Schnitt. Das Papier wie gezeigt rillen.

3. Klappe die beiden Seitenteile auf. Jetzt setzt du senkrecht zur mittleren Falzkante im unteren Drittel einen geraden Schnitt.

5. Wenn du nun die Augenlider nach vorn drückst, wird der Schläfer geweckt.

4. Öffne das Papier, und du siehst einen Schläfer.

6. Den Mund bildest du wie beim Küken aus. Wenn man das Gesicht an den Seiten fasst, auseinander zieht und wieder zusammenfaltet, öffnet der Schauspieler den Mund und zwinkert mit den Augenlidern.

◆ SÄNGER

1. Einen Papierbogen der Größe A4 auf die Hälfte falten und von der unteren Kante aus einen Halbkreis mit Ohr ausschneiden. Im oberen Teil stanzt du mit einem Locher das Auge aus – oder du schneidest mit einer spitzigen Nagelschere einen kleinen Kreis.

2. Der Mund entsteht aus drei bogenförmigen Schnitten im unteren Teil. Der mittlere Schnitt ist der längste, der untere weist nach oben, der obere wird leicht wellenförmig gemacht – wie eine halbe Lippe. Anschließend ziehst du die Oberlippe nach innen und drückst die Falzkanten an.

3. Den Kopf aufklappen, die Oberlippe leicht hervorziehen und nach oben umbiegen.

4. Jetzt klappst du den Kopf wieder zusammen, ziehst die Unterlippe bis zum Ende des Einschnitts nach innen und drückst sie an, damit scharfe Falzkanten entstehen.

5. Stülpe dann auch die Unterlippe nach vorne unten heraus. Wenn du den Sänger an den Ohren fasst und die Hände vor und zurück bewegst, öffnet und schließt er den Mund. Singen musst du für ihn.

◆ SCHMETTERLING

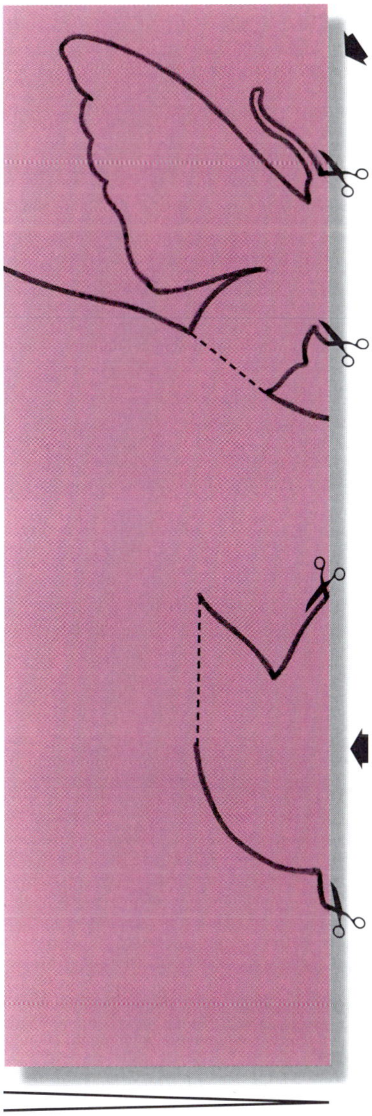

1. Einen Papierbogen in der Größe A5 längs auf die Hälfte falten. Nun zeichnest du mit Hilfe der Abbildung an der Falzkante einen halben Schmetterling an. Zuerst werden Kopf und die Fühler ausgeschnitten, dann die großen Vorderflügel und ein Stück der kleinen Hinterflügel. Weiter schneidest du nach links oben bis zur linken Kante, wodurch der obere Teil des Papiers abgeschnitten wird. Dann schneiden wir den Rest des Körpers und den anderen Teil der Hinterflügel aus. Jetzt schneidest du den Rest des Flügels von der Falzkante aus in Form. Biege den Schmetterling an der gestrichelten Linie des Hinterflügels um und klappe ihn zwischen die Hälften des gefalteten Papiers.

2. Die Tulpe fertigst du, wie in der Abbildung gezeigt, mit zwei Schnitten in den unteren Teil der Falzkante. Sie wird bis zum Ende der Einschnitte nach innen gezogen. Anschließend die Falzkanten andrücken.

3. Wenn du nun das Papier leicht öffnest und in dem Teil zwischen Schmetterling und Tulpe an den Kanten fasst, schlägt der Schmetterling beim Öffnen und Schließen der beiden Hälften mit den Flügeln.

◆ SPECHT

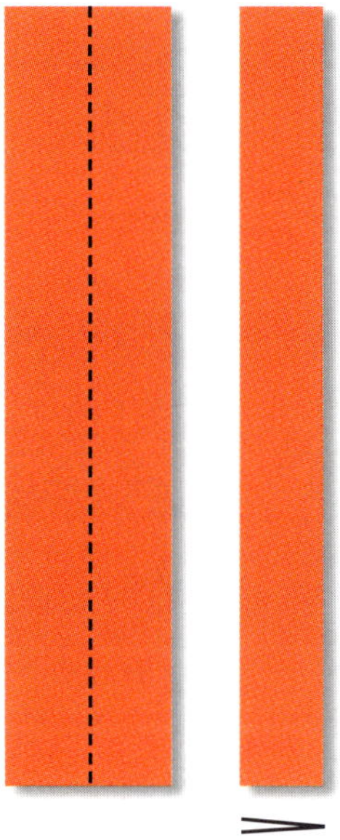

1. Falte einen braunen oder grauen Papierstreifen der Länge nach zur Hälfte. Daraus wird später der Baumstamm.

2. Genauso faltest du einen zweiten, genauso breiten Streifen in anderer Farbe. Aus diesem Streifen schneidest du jetzt den Umriss eines Spechts aus (siehe Abbildung 3). Beginne ganz oben rechts mit dem Schnabel, dann folgt die Rundung für den Kopf, darunter ein längerer Hals und anschließend ein an den Körper gepresster Flügel. Wenn der Körper des Spechts lang genug ist machst du einen geraden Schnitt zur linken Kante hin.

3. Von der unteren Ecke der Form aus rillst du das Papier in einer schrägen Linie zur Falzkante hin.

4. Papierstreifen aufklappen, an der Falzkante mit dem Zeigefinger unterlegen.

5. Von diesem Eckpunkt ab klappst du nun die Papierstreifen im unteren Teil in die andere Richtung um und drückst sie an.

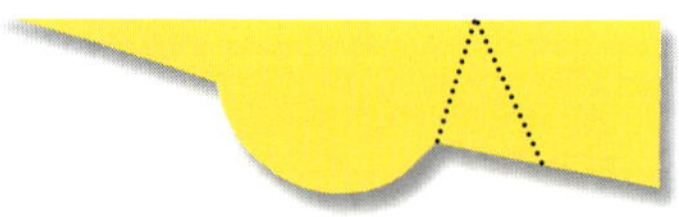

6. Der Kopf wird an den gepunkteten Linien gerillt und anschließend so nach hinten gebogen, dass der Schnabel senkrecht vor dem Körper steht (siehe Abbildung 8 und 9).

7. Du faltest den Kopf mit den Fingern der linken Hand leicht auseinander. Jetzt kannst du ihn an den gerillten Linien nach hinten biegen.

8. Wenn sich der Kopf in der richtigen Position befindet, drückst du die Falzkanten an.

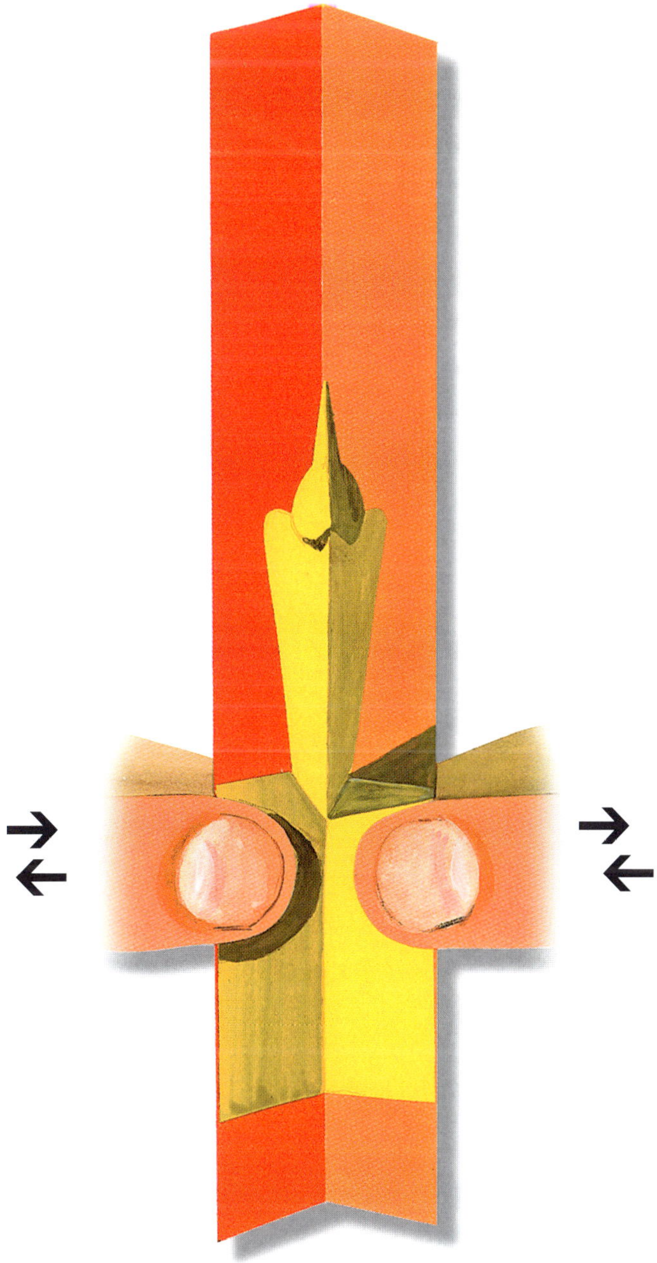

9. Den unteren Teil des Spechts in den Baumstamm einlegen und beide Teile an den Seiten festhalten.

10. Wenn du jetzt die Hälften öffnest und schließt, klopft der Specht ausdauernd an den Baum.

◆ FROSCH

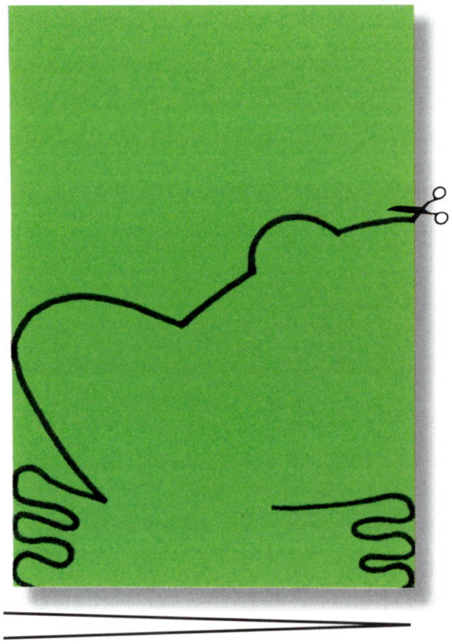

1. Falte einen Bogen im Format A5 auf die Hälfte und zeichne die halbe Form eines Frosches an. Leicht bogenförmig nach unten enststeht der obere Teil des Kopfes, es folgen die hoch stehenden Augen und an die Seiten schließen sich Schenkel und Zehen an. Schneide diese Linie bis nach links unten aus.

2. Für das Maul machst du bei einem Viertel der Höhe von oben einen nach unten führenden Schnitt in die Falzkante. Darunter, etwa bei der Hälfte der Gesamthöhe, setzt du einen gleich langen Schnitt, der leicht nach oben weist.

3. Die Enden beider Schnitte müssen gleich weit von der Falzkante entfernt sein, damit sie nun mit einer geraden Linie, die parallel zur Falzkante verläuft, gerillt werden können. Außerdem wird vom Ende des oberen Schnitts aus noch einmal schräg nach unten bis zum zweiten Schnitt gerillt. Jetzt schneidest du auch die Zehen an der rechten Falzkante aus.

4. Den Frosch leicht öffnen, das Papier zwischen den beiden Schnitten an der Falzkante fassen und leicht nach innen drücken. Die Falzkanten andrücken. Wenn du das Papier an den Rändern greifst und den Frosch öffnest und schließt, bewegt sich der untere Rand des Mauls: Dein Frosch quakt.

***P**rinzessin Schreibheft schickt ihren Freunden im gesamten Königreich aus Papier häufig die verschiedensten selbst gebastelten und verzierten Karten, Grüße und Wünsche. Vielleicht möchtest auch du jemandem, den du gern hast, mit einer selbst gebastelten Karte eine Freude bereiten?*

Anmerkung Das Papier für die Karten wird nicht zur Hälfte, sondern bei einem Drittel gefaltet. Im rechten Teil bleibt so genügend Platz für einen Gruß oder Wunsch. Das Papier wird so gefaltet, dass es in einen Briefumschlag passt.

◆ HERZLICHE GRÜSSE

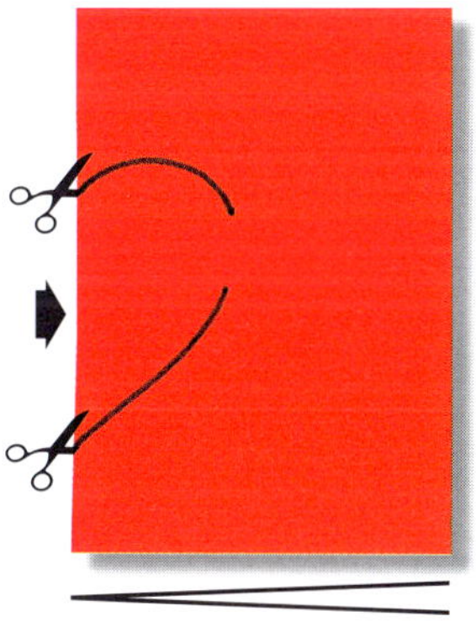

1. In die Falzkante setzt du ein Herz …

2. … und drückst es bis zum Ende der Schnitte nach innen. Die Kanten fest andrücken.

◆ FROHE WEIHNACHTEN

Mit zwei Schnitten in die Falzkante bildest du die Umrisse eines Engels. Die Enden der Schnitte sollten gleich weit von der Falzkante entfernt sein, damit die neuen Falzkanten zwischen beiden Enden gerade sind. Sie enstehen, wenn du den Engel nach innen drückst.

◆ FROHE OSTERN

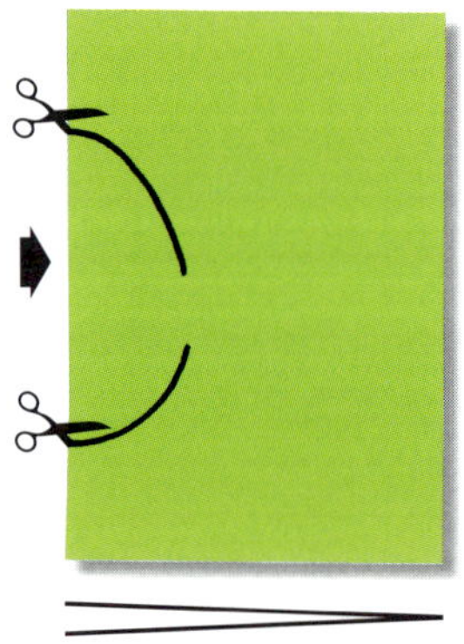

1. Mit zwei bogenförmigen Schnitten entsteht der Umriss eines Eis.

2. Das Ei nach innen drücken und an den Seiten die Falzkanten ausbilden.

◆ WINTERGRUSS

Der Umriss des Schneemanns entsteht durch zwei Schnitte. Mit dem ersten werden Kopf und Hut sowie die Mittelkugel mit den Armen gebildet. Der zweite Schnitt weist bogenförmig nach oben und ergänzt damit den unteren Teil, also die größte Kugel. Durch einen schrägen Schnitt knapp an der Falzkante bekommt der Schneemann eine Nase. Anschließend drückst du ihn nach innen durch. Die Nase biegst du leicht nach vorn.

NEUJAHRSGRÜSSE

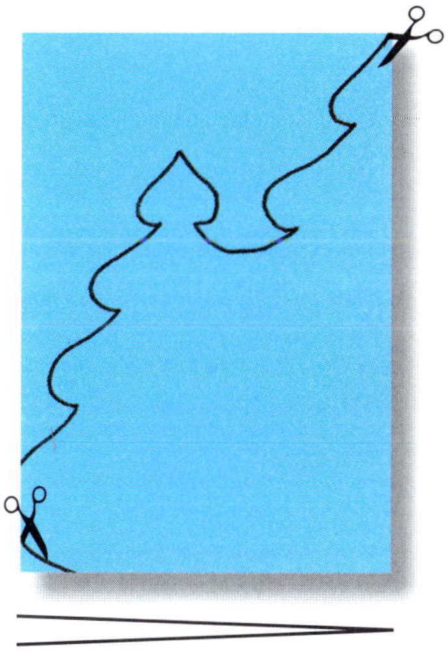

1. Auf einem zur Hälfte gefalteten Papierbogen zeichnest du die Umrisse kleiner Tannen vor. Die linke Ecke unten wird rund abgeschnitten.

2. Jetzt kommt der Umriss eines Hauses hinzu. Zuerst schneidest du ein Stück über der Mitte schräg nach unten und dann im Bogen in Richtung Falzkante. Der zweite hat die Form eines Hockeyschlägers. Die Enden der Schnitte sollten genau übereinander liegen.

3. Mit einem dritten Schnitt, der wieder den halben Umriss eines Baumes bildet, schneidest du das Papier zwischen Tannen und Dach weg (siehe Abbildung 4).

4. Jetzt machst du noch zwei kurze Schnitte in Form von Hockeyschlägern, aus denen ein Fenster entsteht. Zwischen den Schnittenden am Umriss des Häuschens rillst du eine Linie.

5. Öffne das Papier und drücke das Häuschen bis zu den gerillten Linien nach vorn. Das Fenster wird umgekehrt nach innen gedrückt. Diese Neujahrskarte wird jeden erfreuen.

Heimkehr

Vom Königreich aus Papier bin ich über einen Geheimgang zurückgekehrt. Ich bin aus einem großen Papierkarton direkt vor unserem Haus herausgekrochen.
Niemand will mir aber glauben. Die Kiste hat jemand weggeschafft, und so weiß ich nicht einmal, wie ich ins Königreich aus Papier zurückkehren kann. Ich habe nämlich vergessen, die 2000 Bogen Pappe mitzunehmen. Aber das macht nichts, Papier habe ich genug. Sogar so viel, dass ich das ganze Königreich aus Papier ausschneiden kann, so wie ich es mir gemerkt habe. Und etwas davon hat sicher auch euch gefallen.